职业技术院校机电类技能训练丛书

谭积明 等 编著

数字制造技术技能实训教程

——加工中心（中册）

清华大学出版社
北 京

内容简介

本书以培养加工中心操作工和数控铣工高级工为目标，以工作任务为纽带，以培养学生分析和解决数控加工实际问题的能力为出发点，涵盖了加工中心和数控铣工等实训内容，书中的实训模块均与实际加工零件相结合，包括零件实际加工的整个过程。模块之间遵循循序渐进的学习思路，内容由浅入深，力求能容易地被学生读懂、理解并应用于实践，符合学生的认知习惯，让学生在模块教学的过程中学习。充分发挥学生的主观能动性，使教、学、做三者有机地结合，达到一体化教学的效果。

本书可作为普通高等院校、应用型本科机械专业数控加工技能训练课程的实训教材，也可作为技师学院、技工学校和中等职业学校数控机床加工专业的实训教材，还可作为数控从业人员培训学习的参考用书。

图书在版编目(CIP)数据

数字制造技术技能实训教程. 加工中心. 中册/谭积明等编著. --北京：清华大学出版社，2015
(职业技术院校机电类技能训练丛书)
ISBN 978-7-302-40331-9

Ⅰ. ①数…　Ⅱ. ①谭…　Ⅲ. ①数控机床加工中心－高等职业教育－教材　Ⅳ. ①TH16-39 ②TG659

中国版本图书馆 CIP 数据核字(2015)第 115687 号

责任编辑：赵　斌
封面设计：傅瑞学
责任校对：赵丽敏
责任印制：宋　林

出版发行：清华大学出版社
网　　址：http://www.tup.com.cn，http://www.wqbook.com
地　　址：北京清华大学学研大厦 A 座　　**邮　　编**：100084
社 总 机：010-62770175　　**邮　　购**：010-62786544
投稿与读者服务：010-62776969，c-service@tup.tsinghua.edu.cn
质 量 反 馈：010-62772015，zhiliang@tup.tsinghua.edu.cn
印 刷 者：北京市人民文学印刷厂
装 订 者：三河市吉祥印务有限公司
经　　销：全国新华书店
开　　本：185mm×260mm　　**印　张**：13.5　　**字　　数**：324 千字
版　　次：2015 年 7 月第 1 版　　**印　　次**：2015 年 7 月第 1 次印刷
印　　数：1～2000
定　　价：34.00 元

产品编号：059605-01

职业技术院校机电类技能训练丛书

序言

preface

天津职业技术师范大学工程实训中心，汇集金工教研室、数控教研室、电子教研室和机电教研室的群体力量，在多年工程训练和职业技能课程实践的基础上，以张玉洲研究员为总主编，先后出版了这套 20 余本的工程训练特色教材。这套教材得以出版，很不容易，是众多的骨干教师和出版社编辑辛勤劳动与智慧的结晶。

从总体上看，该套特色教材的核心内容分为三个部分：一是常规制造技术实训部分，二是先进制造技术实训部分，三是检测技术、控制技术和智能楼宇技术实训部分。这三部分工程训练的内容，远远超出了原金工实习和电子工艺实习的范畴，而随着我国改革开放的前进步伐，制造业的加速转型与发展，转化为我国应用型高校和职业技术教育工程训练中的系列课程，以及在课程施教中不可或缺的系列教材。

该套教材以培养应用型人才的实训和应用为鲜明特色，将 10 多年来我国工程训练领域发展的丰富内涵全面、系统、深刻地展示出来。

从本人长期进行实践教学的角度看，工程训练中心最核心的功能是培养大学生的工程实践能力。在此过程中，学习不同专业技术领域的工艺知识，增强工程素养和创新精神。这一点，恰恰是在进入大学前经历过多年应试教育的大学生所严重缺乏的。

事实上，再好的发明创造，都要有能工巧匠按照图纸的技术要求制造出来，精细地装配调试出来。否则，就只能是一堆没有实用价值的图纸。

可能有人要问，工程实践能力的核心究竟是什么？我认为，工程训练的核心是动手、是实践、是训练，是在动手、实践和训练的过程中获得动手能力。而动手能力，是在工程技术领域中使创新思维和创新设计得以实现的核心功底。

如果我们仔细观察与细致分析一下，就不难看出，学生实践能力或动手能力的培养是通过工程训练中“三感”的逐渐积累来实现的。

“三感”之一是感视。它是通过人们眼睛的视觉来观察客观存在的各种事物与现象，观察我们在训练中使用的各种设备和工具，观察在不同训练过程中出现的不同物理现象，观察诸现象中出现的细微乃至难以觉察的差异等。例如，我们在实训过程中不仅会看到常规的车床、铣床，还会看到先进的数控机床和特种加工机床等；不仅会看到平口钳、卡盘、扳手、车刀、钻头、丝锥、板牙、砂轮等，还会看到切削过程中铁屑的不同形态和在不同切削温度下呈现出不同的颜色。所有通过眼睛观察到的静态与动态的这一切，都会汇集到每位同学的脑海中。

“三感”之二是感触。它是借助我们双手的触觉，通过直接接触所操作设备中的各种手柄和加工工具，来感知不同加工过程中的振动、力度和温度等。例如，在利用钻头钻孔时，通过机床手柄，我们的双手会感受到钻头在切入、正常切削与切出时受力的差异；在利用丝锥攻螺纹时，握住绞杠的双手，不仅会感受到丝锥切入与切出时的差异，而且能够感受到什么时候将丝锥反向转动比较合适。在实训的整个过程中，我们的双手所感触到的一切，也会汇集到每位同学的脑海中。

“三感”中的最后一感是感悟。感悟在“三感”中是极为重要的。它是通过人的大脑，对眼睛感视到的信息、双手感触到的信息进行处理。这个大脑的处理过程，既是分析的过程、推理的过程、归纳的过程，也是记忆和积累的过程，是由浅层次的感性认识上升为深层次的理性认识的过程。人们的知识与经验，乃至理论，经常是这样通过手脑的反复结合来获取的。

在实践中只重视感视与感触，则不能使我们对客观世界的认识升华到高级的程度。只有最后通过感悟，才可以升华到最高的境界。这就是为什么在同样的环境和条件下，有的人水平一般，有的人水平较高，有的人则很了不起的原因所在。我们常说，实践出智慧，实践长才干。智慧和才干，必须在实践中通过感悟才能增长。不善于深入思考的人，只凭借感视和感触，很难有所成就。因此，勤于动手和勤于动脑是绝对不能分开的。我在发表的论文和学术报告中极力主张“深度思维”，力求避免“浅度思维”，就是基于上述的观点。如果我们培养的学生不懂得“深度思维”，那么他们进入大学就不是“深造”，而是“浅造”了。

全国劳动模范张秉贵在王府井商店的“一抓就准”，倪志福同志举世闻名的群钻发明，刀具大王贵玉鹏的不同刀具刃磨，首钢焊接技术专家刘宏极为精湛的焊接技术，沈飞集团高级技师方文墨在钳工领域实现 0.003mm 加工公差的高超技艺等，都为我们树立了动手、观察和“深度思维”高度结合的榜样。

另外，我在长期的基层教学、科研和管理工作中，经过反复思考，对实践的重要性归纳为下面五句话：

实践是内容最丰厚的教科书；实践是贯彻素质教育最好的课堂；实践是实现创新最重要的源泉；实践是心理自我调理的一剂良药；实践是完成简单到综合、知识到能力、聪明到智慧转化的催化剂。

张玉洲研究员总主编的这套富有特色的系列教材，就是在长期实践教学的基础上，针对我国应用型大学和职业技术教育的人才培养特点，以及职业技能培养目标和技能鉴定的需求，进行了合理规划和精心编排，不仅考虑到知识点由浅入深，而且考虑到能力点由简单容易到复杂精细，充分顾及到不同专业领域所需要的技能模块与教学单元之间的关系，将知识、能力和素养的培养很好地融为一炉，使其能满足应用型大学与职业技术教育的要求。

我希望，我们的每个学生，通过工程训练中心系统的工程实训课程，以及在使用这些具有实训和应用特色的系列教材中，能够学会在实践中观察，在观察中思考，在思考中领悟，并在领悟中得到健康、快速成长。

是为序。

清华大学　傅水根

2015 年元月 30 日

前言

foreword

随着我国经济持续的高增长，以高新技术为先导的制造业对生产一线岗位上熟练掌握专门知识与技术，具备精湛的操作技能，能够解决生产工艺难题的人才的需求量急剧放大。

本书以培养加工中心操作工和数控铣工高级工为目标，以工作任务为纽带，将操作技能和理论知识有机结合，以实用、够用为宗旨，采用大量实例，图文并茂，形象直观，语言通俗易懂。力求使读者阅读后，能很快地应用在实际工作中，达到花最少的时间，学到最实用的技术技能的目的。本书共10个模块，主要内容包括：镜像指令运用训练、比例缩放及极坐标指令运用训练、旋转指令运用训练、螺纹和镗孔加工训练、柱面铣削训练、宏程序应用训练、配合件加工训练、复杂零件加工训练、综合零件加工训练及技能模拟考核训练。教材内容由浅入深，力求能容易地被学生读懂、理解并应用于实践，符合学生的认知习惯，让学生在模块教学的过程中学习。充分发挥学生的主观能动性，使教、学、做三者有机的结合，达到一体化教学的效果。

本书由天津职业技术师范大学谭积明等编著。模块1、模块2由何欣编写，模块3、模块4由袁国强编写，模块5由李杰编写，模块6由李世文编写，模块7～9由王力强编写，模块10由谭积明编写。

本书在编写中参阅了大量相关手册、教材、图册、技术资料，得到了许多专家和同行的支持与帮助，在此一并表示衷心的感谢！

由于编者水平和时间有限，书中难免有错误和疏漏之处，敬请广大读者批评指正。

编　者

2015年5月

目录

contents

模块 1

镜像指令运用训练

学习目的

(1) 掌握镜像指令编程格式;

(2) 能够使用镜像指令编制加工程序。

学习要求

(1) 学习镜像指令的编程方法;

(2) 按职业素养要求规范操作,养成良好的职业习惯。

学习重点和难点

学习使用镜像指令进行程序编制及加工。

教学策略

课堂讲授＋现场演练,演练法、互动法。

镜像指令的格式及适用情况通过讲授法进行讲解,在讲解过程中给出案例展示,通过案例展示引导学生了解镜像指令在加工中的作用,随后学生进行编程和加工训练,教师根据学生训练的完成情况进行点评和总结。

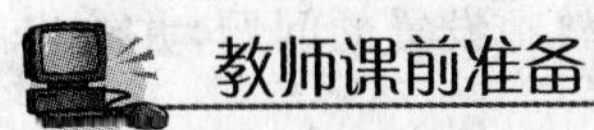

教师课前准备

1. 教学用具

授课计划、纸质及电子教案、课件、黑板、粉笔、多媒体设备、实物样件等。

2. 教学管理物品

实训过程记录表、实训成绩评价标准、实训报告评分标准、实训室使用记录表、仪器设备维护保养卡等。

3. 检查实训设备

开机前检查机床外观各部位是否存在异常，如防护罩、脚踏板等部位；检查机床润滑油液及冷却液是否充足；检查电、气是否达到开机要求，检查主轴、工作台、夹具上是否有异物；检查机床面板各旋钮状态；开机后检查机床是否存在报警并完成返回机床参考点操作，操作环境温度较低时，必须暖机 3～5min。

4. 训练用具(表 1.1)

表 1.1 训练用具清单

序号	类别	名 称	规 格	数量	备注
1	材料	LY12	50mm×50mm×30mm		
2	刀具	高速钢立铣刀	ϕ12mm	1 支	
3	夹具	精密平口虎钳	0～300mm	1 套	
4	量具	游标卡尺	1～150mm	1 把	
5	工具	铣夹头		1 个	
		弹簧夹套	ϕ12mm	1 个	与刀具配套
		平行垫铁		1 副	
		油石		1 块	

学生课前准备

(1) 理论知识点准备：数控加工程序编制方法，切削刀具的选用原则，刀具切削相关知识。
(2) 技能知识点准备：能够独立操作加工中心机床完成零件的加工。
(3) 教材及学习用具准备：本教材、学习笔记、笔、计算器。
(4) 衣着准备：工作服、工作帽、工作鞋。

学习导入

(1) 由检查、提问旧知识导入：通过案例及实物展示的方式引导学生提问，激发学生回忆已经学过的相关知识并回答引入问题。

(2) 由生动的实例导入：通过展示动画的方式引导学生思考教师设置的问题，并给出自己的观点及想法。

1.1 图样与技术要求

如图 1.1 所示为镜像指令训练图。

其余：
3.2
20.592
9.099
R8
R8
R8
R8
$25_{-0.033}^{0}$
70°
80°
25
14
14
75
75
5
技术要求
1. 锐边倒钝；
2. 未注公差尺寸允差为±0.1mm。
制图
校核
镜像指令
比例
1:1
材料
LY12
加工中心高级技能训练图(1)

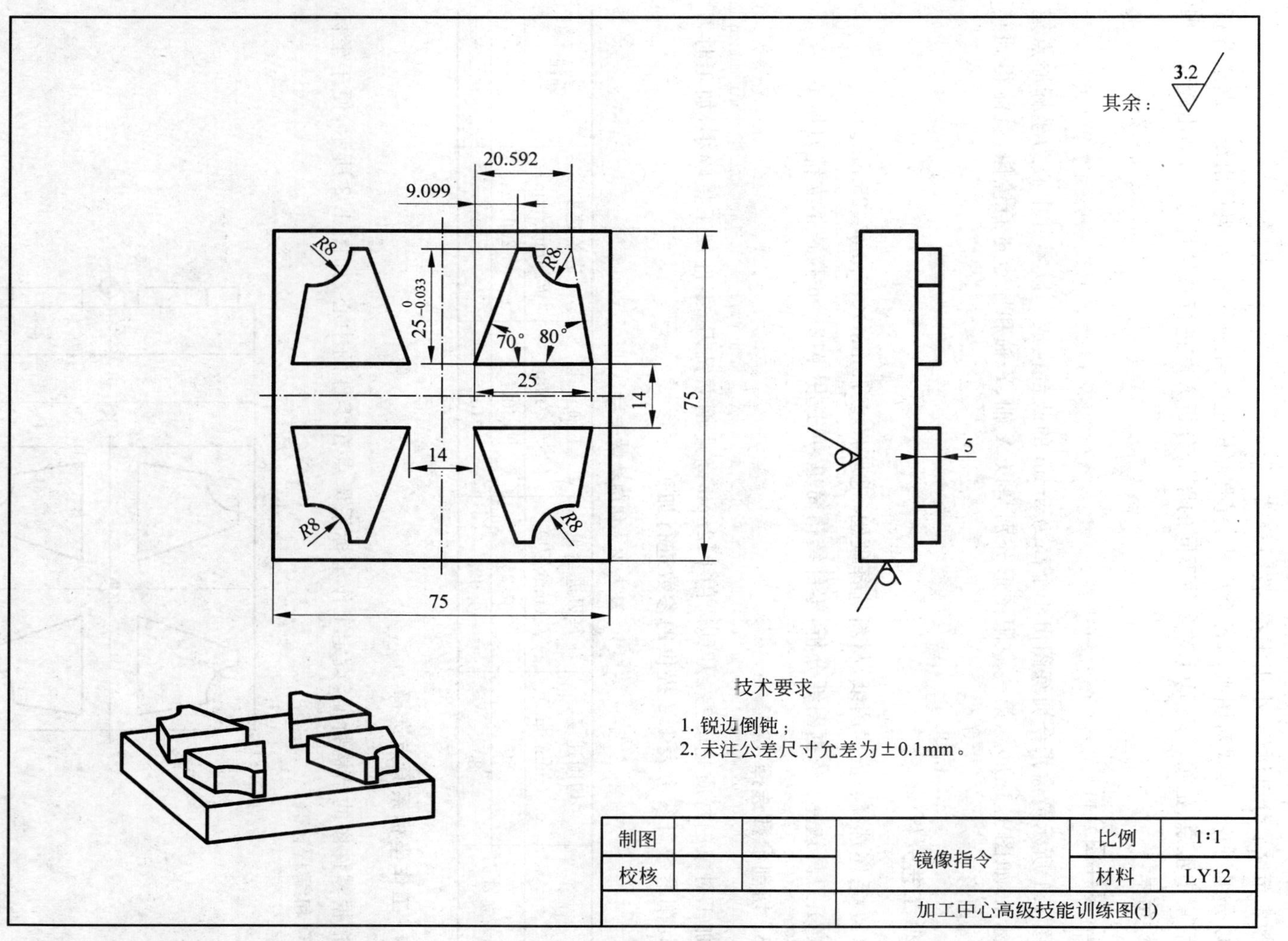

图 1.1 镜像指令训练图

1.2 图纸分析

教学策略：分组讨论、小组汇报、教师总结。

以分组讨论的形式对图纸的各个尺寸、重要部位进行合理分析，小组得出统一图纸分析方案后集中汇总、汇报。教师针对多种不同的图纸分析方案进行总结性分析，提出较为合理的分析结果。

1. 零件图分析

图 1.1 所示镜像指令训练图由 4 个高为 5mm 的凸台构成。以零件中心为坐标原点建立坐标系，如图 1.1 所示，第一象限图形分别是以 X 轴、Y 轴和原点进行镜像，就能得到其他轮廓图形。

2. 工艺分析

(1) 毛坯选择：依据图纸，材料选择硬铝，毛坯尺寸 75mm×75mm×25mm。

(2) 刀具选择：依据图纸分析，零件结构简单，可选用 ϕ12mm 高速钢立铣刀加工。

3. 切削参数选择

加工对象的材质是硬铝，刀具选用 ϕ12mm 高速钢立铣刀，零件加工量较小，加工时刀具的切削参数可参考表 1.2 提供的参数进行加工。

表 1.2 切削参数卡片

刀具	切削速度 v/(mm/min)	每刃进给量 f/(mm/刃)	主轴转速 S/(r/min)	进给速度 F/(mm/min)	备注
ϕ12mm 立铣刀	50	0.05	1300	200	
	80	0.035	2100	300	

4. 工作坐标系原点选择

根据零件图的结构特征，设定工作坐标系原点在零件的中心，如图 1.2 所示，便于坐标的计算和编程。

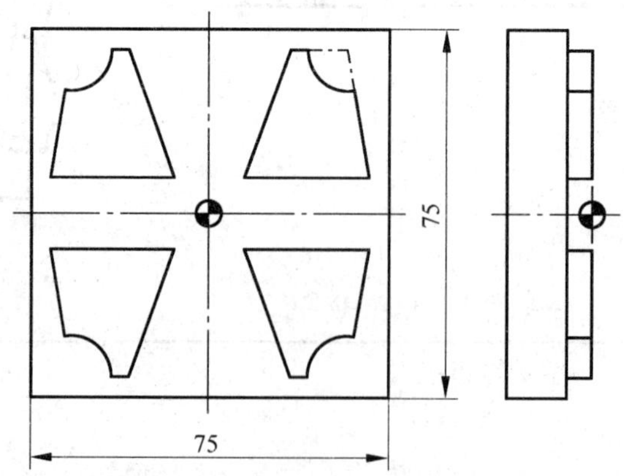

图 1.2 工作坐标系原点设置

1.3　程序编制

教学策略：讲授法、提问法、反馈强化。

先讲授镜像指令的编程格式，然后针对零件图的加工编程逐一讲解。

1.3.1　参考编程

1. 比例缩放指令（G51.1，G50.1）

1）格式一

```
G17 G51.1 X_ Y_
G50.1
```

2）格式二

```
G17 G51 X_ Y_ I_ J_
G50
```

3）说明

G51.1、G51 为建立镜像行指令；G50.1、G50 为取消镜像指令；运动指令（X，Y）为用于指定对称轴或对称点，I、J 值为－1 时镜像，＋1 时不镜像。

在有刀具补偿的情况下，先进行镜像，然后才进行刀具半径补偿、刀具长度补偿。

2. 参考加工程序

O3；（主程序）

行号	主　程　序	解　　释
N1	G90G54G00X0Y0 S1300M03	定位起始点
N2	G43H1Z100	调用 1 号刀具长度补偿值，定位起始高度
N3	Z5 M08	
N4	M98P300D01F200	调用 O300 号子程序，加工第一象限轮廓
N5	G51X0I－1	以 *Y* 轴镜像
N6	M98P300D01	调用 O300 号子程序，加工第二象限轮廓
N7	G51Y0J－1	以（0，0）原点镜像
N8	M98P300D01	调用 O300 号子程序，加工第三象限轮廓
N9	G50	取消镜像
N10	G51Y0J－1	以 *X* 轴镜像
N11	M98P300D01	调用 O300 号子程序，加工第四象限轮廓
N12	G50	取消镜像
N13	G0Z100	提刀到安全高度
N14	M30	程序结束并返回程序头

续表

O300；(铣第一象限轮廓子程序)		
行号	子　程　序	解　　释
N1	X40Y45	
N2	G01Z−5	下刀
N3	G41Y27.592	执行刀具半径补偿指令
N4	Y32	
N5	X32Y7	
N6	X7	
N7	X16.099Y32	
N8	X19.592	
N9	G03X35.592Y32R8	
N10	G00Z5	
N11	G40X40Y45	取消刀具半径补偿
N12	M99	返回主程序

1.3.2 学生自主编程

学生独立完成程序编写，并填写表 1.3 加工程序清单。

表 1.3　加工程序清单

序号	程序号	刀具	刀具号	刀具长度补偿号	备注

1.4 加工前准备

1. 机床准备(表 1.4)

表 1.4　机床准备卡片

设备检查	机械部分				电器部分		数控系统部分			辅助部分	
	主轴部分	进给部分	刀架部分	润滑部分	主电源	冷却风扇	电器元件	控制部分	驱动部分	冷却	润滑
检查情况											
注：经检查后该部分完好，在相应项目下打“√”；若出现问题及时报修。											

2. 工件安装

(1) 精密平口虎钳安装牢固,位置方向要正确。
(2) 工件夹紧力适当,安装牢固。
(3) 工件安装的高度正确,夹具不能与刀具发生干涉。
(4) 工作坐标系设定要正确。

3. 刀具安装及加工参数设置

(1) 铣刀伸出长度尽可能地短,以增加刀具的刚性。
(2) 安装的刀具号要对应好。
(3) 刀具的补偿数值应输入在与程序中该刀具相对应的刀补号中。

1.5　实际零件加工

1. 教师演示

(1) 工件的装夹、找正及坐标系设置。
(2) 刀具的准备、安装及参数设置。
(3) 加工程序的编制和程序输入。
(4) 加工过程中的切削用量的调整。

2. 学生加工训练

训练过程中,指导教师巡回指导,及时纠正不正确的操作姿势,解决学生练习中出现的各种问题。

1.6　课题小结

1. 教学策略:小组汇报、教师总结

通过小组汇报的方式,教师可以以小组为单位了解各组的工件完成情况及存在的问题,并有针对性地提出下一步的教学方案,对操作较好的学生提出改进意见,对技能情况掌握不理想的学生提出提高方案。

教师以本课题中提出的学习目标总结学生实际掌握的情况及存在的问题,为下一阶段的学习打下基础。

2. 课题考核

(1) 考核方式:随堂考核。
(2) 考核要求:以学生在实际操作中的不同阶段完成课题的情况予以分别考核,如学生的操作规范、程序编写和工件加工等环节。

1.7 综合评价

1. 自我评价(表 1.5)

表 1.5 自我评价表

<table>
<tr><td colspan="2">课题名称</td><td colspan="2"></td><td>课时</td><td colspan="4"></td></tr>
<tr><td colspan="3">课题自我评价成绩</td><td></td><td>任课教师</td><td colspan="4"></td></tr>
<tr><td>类别</td><td>序号</td><td colspan="2">自我评价项目</td><td>结果</td><td>A</td><td>B</td><td>C</td><td>D</td></tr>
<tr><td rowspan="3">编程</td><td>1</td><td colspan="2">程序是否能顺利完成加工</td><td></td><td></td><td></td><td></td><td></td></tr>
<tr><td>2</td><td colspan="2">编程的格式及关键指令是否能正确使用</td><td></td><td></td><td></td><td></td><td></td></tr>
<tr><td>3</td><td colspan="3">题目：通过该零件编程的收获主要有哪些？
作答：</td><td></td><td></td><td></td><td></td></tr>
<tr><td rowspan="4">工件刀具安装</td><td>1</td><td colspan="2">刀具安装是否正确</td><td></td><td></td><td></td><td></td><td></td></tr>
<tr><td>2</td><td colspan="2">工件安装是否正确</td><td></td><td></td><td></td><td></td><td></td></tr>
<tr><td>3</td><td colspan="3">题目：安装刀具时需要注意的事项主要有哪些？
作答：</td><td></td><td></td><td></td><td></td></tr>
<tr><td>4</td><td colspan="3">题目：安装工件时需要注意的事项主要有哪些？
作答：</td><td></td><td></td><td></td><td></td></tr>
<tr><td rowspan="4">操作与加工</td><td>1</td><td colspan="2">操作是否规范</td><td></td><td></td><td></td><td></td><td></td></tr>
<tr><td>2</td><td colspan="2">着装是否规范</td><td></td><td></td><td></td><td></td><td></td></tr>
<tr><td>3</td><td colspan="2">切削用量是否符合加工要求</td><td></td><td></td><td></td><td></td><td></td></tr>
<tr><td>4</td><td colspan="2">刀柄和刀片的选用是否合理</td><td></td><td></td><td></td><td></td><td></td></tr>
<tr><td colspan="5">(本部分综合成绩)合计：</td><td colspan="4"></td></tr>
<tr><td colspan="2">自我总结</td><td colspan="7"></td></tr>
<tr><td colspan="4">学生签字：

年 月 日</td><td colspan="5">指导教师签字：

年 月 日</td></tr>
</table>

2. 小组互评(表 1.6)

表 1.6　小组互评表

序号	小组评价项目	评价情况
1	与其他同学口头交流学习内容时,是否顺畅	
2	是否尊重他人	
3	学习态度是否积极主动	
4	是否服从教师的教学安排和管理	
5	着装是否符合标准	
6	是否能正确地领会他人提出的学习问题	
7	是否按照安全规范操作	
8	是否能保持学习环境的干净整洁	
9	团队学习中主动与合作的情况如何	

参与评价同学签名：

年　　月　　日

3. 教师评价

教师总体评价：

教师签字：＿＿＿＿＿＿

年　　月　　日

模块 2

比例缩放及极坐标指令运用训练

学习目的

(1) 掌握比例缩放指令编程格式；
(2) 掌握极坐标指令编程格式；
(3) 能够使用比例缩放指令编制加工程序；
(4) 能够使用极坐标指令编制加工程序。

学习要求

(1) 学习比例缩放指令的编程方法；
(2) 学习极坐标指令的编程方法；
(3) 按职业素养要求规范操作,养成良好的职业习惯。

学习重点和难点

(1) 学习使用比例缩放指令进行程序编制及加工；
(2) 学习使用极坐标指令进行程序编制及加工。

教学策略

课堂讲授＋现场演练,演练法、互动法。

比例缩放指令和极坐标指令的格式及适用情况通过讲授法进行讲解,在讲解过程中给出案例展示,通过案例展示引导学生了解比例缩放指令和极坐标指令在加工中的作用,随后学生进行编程和加工训练,教师根据学生对训练完成情况教师进行点评和总结。

教师课前准备

1. 教学用具

授课计划、纸质及电子教案、课件、黑板、粉笔、多媒体设备、实物样件等。

2. 教学管理物品

实训过程记录表、实训成绩评价标准、实训报告评分标准、实训室使用记录表、仪器设备维护保养卡等。

3. 检查实训设备

开机前检查机床外观各部位是否存在异常，如防护罩、脚踏板等部位；检查机床润滑油液及冷却液是否充足；检查电、气是否达到开机要求，检查主轴、工作台、夹具上是否有异物；检查机床面板各旋钮状态；开机后检查机床是否存在报警并完成返回机床参考点操作，操作环境温度较低时，必须暖机 3～5min。

4. 训练用具(表 2.1)

表 2.1 训练用具清单

序号	类别	名 称	规 格	数量	备注
1	材料	LY12	50mm×50mm×30mm		
2	刀具	高速钢立铣刀	ϕ12mm	1支	
3	夹具	精密平口虎钳	0～300mm	1套	
4	量具	游标卡尺	1～150mm	1把	
5	工具	铣夹头		1个	
		弹簧夹套	ϕ12mm	1个	与刀具配套
		平行垫铁		1副	
		锉刀	150mm (6英寸)	1把	
		油石		1块	

学生课前准备

(1) 理论知识点准备：数控加工程序编制方法，切削刀具的选用原则，互换性与测量技术相关知识，量具的使用方法。

(2) 技能知识点准备：能够独立操作加工中心机床完成零件的加工。

(3) 教材及学习用具准备：本教材、学习笔记、笔、计算器。

(4) 衣着准备：工作服、工作帽、工作鞋。

学习导入

(1) 由检查、提问旧知识导入：通过案例及实物展示的方式引导学生提问，激发学生回忆已经学过的相关知识并回答引入问题。

(2) 由生动的实例导入：通过展示动画的方式引导学生思考教师设置的问题，并给出自己的观点及想法。

2.1 图样与技术要求

如图 2.1 所示为比例缩放和极坐标指令训练图。

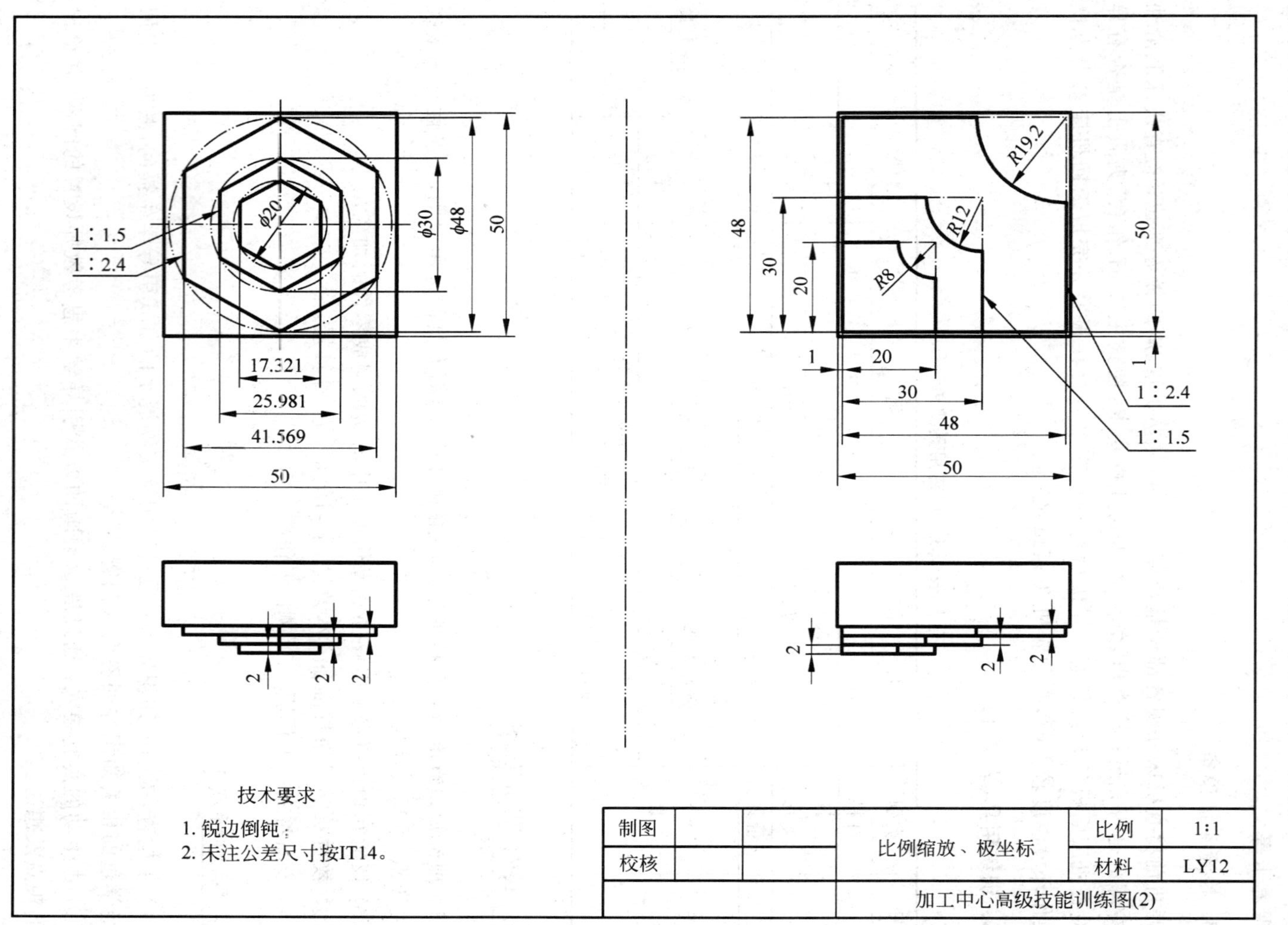

图 2.1 比例缩放、极坐标指令训练图

2.2 图纸分析

教学策略：分组讨论、小组汇报、教师总结。

以分组讨论的形式对图纸的各个尺寸、重要部位进行合理分析，小组得出统一图纸分析方案后集中汇总、汇报。教师针对多种不同的图纸分析方案进行总结性分析，提出较为合理的分析结果。

1. 零件图分析

图 2.1 所示为比例缩放和极坐标指令训练图。左边零件为三层高均为 2mm 的台阶，第一层为 20mm×20mm 的方，右上角去除 1/4 个 R8mm 圆弧，第二层和第三层的形状与第一层相同，尺寸按左下角分别放大了 1.5 倍和 2.4 倍。右边零件同样为三层高均为 2mm 的台阶，第一层为内接 ϕ20mm 圆的六边形，第二层和第三层的形状与第一层相同，尺寸按中心分别放大了 1.5 倍和 2.4 倍。

2. 工艺分析

(1) 毛坯选择：依据图纸，材料选择硬铝，毛坯尺寸 50mm×50mm×30mm。

(2) 刀具选择：依据图纸分析，零件结构简单，可选用 ϕ12mm 高速钢立铣刀加工。

3. 切削参数选择

加工对象的材质是硬铝，刀具选用 ϕ12mm 高速钢立铣刀，零件加工量较小，加工时刀具的切削参数可参考表 2.2 提供的参数进行加工。

表 2.2 切削参数卡片

刀具	切削速度 v/(mm/min)	每刃进给量 f/(mm/刃)	主轴转速 S/(r/min)	进给速度 F/(mm/min)	备注
ϕ12mm 立铣刀	60	0.05	1600	260	

4. 工作坐标系原点选择

根据零件图左边零件的设计基准，设定工作坐标系原点在零件的左下角，如图 2.2 所示，便于坐标的计算和编程。左边零件设定工作坐标系原点在零件的中心，如图 2.3 所示，便于坐标的计算和编程。

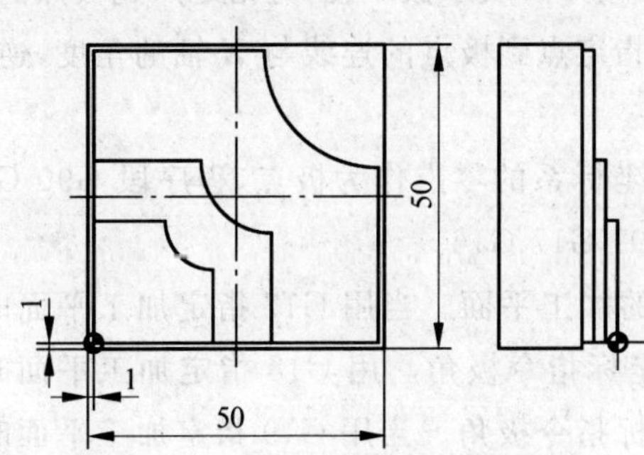

图 2.2 工作坐标系原点在左下角

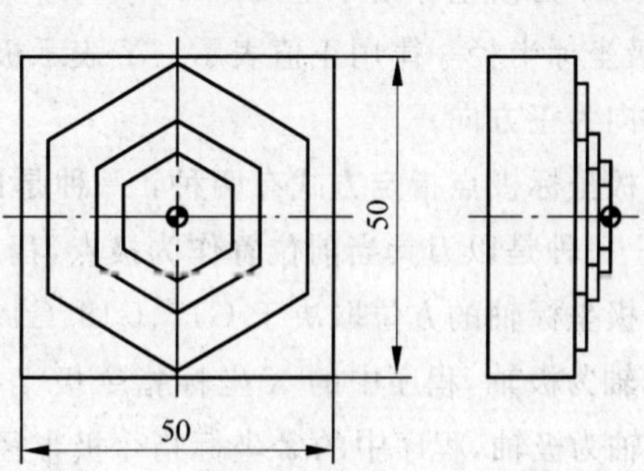

图 2.3 工作坐标系原点在零件中心

2.3 程序编制

教学策略：讲授法、提问法、反馈强化。

先讲授比例缩放指令和极坐标指令的编程格式，然后针对零件图的加工编程逐一讲解。

2.3.1 参考编程

1. 比例缩放指令(G51,G50)

1) 格式一

```
G51 X_ Y_ Z_ P_
G50
```

2) 格式二

```
G51 X_ Y_ Z_ I_ J_ K_
G50
```

3) 说明

G51 为建立比例缩放指令；G50 为取消比例缩放指令；G51 后的运动指令(X,Y,Z)为缩放中心的坐标值；P 为比例缩放倍数，缩放的大小按 P 规定的缩放比例进行计算。I、J、K 用于指定不同坐标轴上的缩放比例。

在有刀具补偿的情况下，先进行缩放，然后才进行刀具半径补偿、刀具长度补偿。

G51、G50 为模态指令，可相互注销，G50 为默认值。

2. 极坐标指令(G16,G15)

1) 格式

```
G17 G16 X_ Y_
G15
```

2) 说明

G16 为极坐标指令生效；G15 为取消极坐标指令；X 表示极半径，是指定点到极点的距离，极坐标半径一律用正值表示。Y 表示极角，是指定点到极点的连线与 X 轴的角度，逆时针方向为正方向。

极坐标极点指定方式有两种：一种是以工作坐标系的零点作为极点，程序段 G90 G17 G16；一种是以刀具当前位置作为极点，程序段 G91 G17 G16。

极坐标轴的方位取决于 G17、G18、G19 指定的加工平面。当用 G17 指定加工平面时，$+X$ 轴为极轴，程序中的 X 坐标指令极半径，Y 坐标指令极角。用 G18 指定加工平面时，$+Z$ 轴为极轴，程序中的 Z 坐标指令极半径，X 坐标指令极角。当用 G19 指定加工平面时，$+Y$ 轴为极轴，程序中的 Y 坐标指令极半径，Z 坐标指令极角。

3. 参考加工程序

O1；(铣训练图左边零件的加工程序)

行号	主　程　序	解　　释
N1	G90G54G00X－10Y－10 S1600M03	定位起始点
N2	G43H1Z100	调用刀具长度,定位起始高度
N3	Z5 M08	
N4	G01Z0F260	
N5	M98P100D01	调用 O100 号子程序
N6	G51X0Y0I1.5J1.5	*X*、*Y* 坐标放大 1.5 倍
N7	M98P100D01	调用 O100 号子程序
N8	G51X0Y0I2.4J2.4	*X*、*Y* 坐标放大 2.4 倍
N9	M98P100D01	调用 O100 号子程序
N10	G50	取消缩放
N11	G0Z100	提刀到安全高度
N12	M30	程序结束并返回程序头

O100；(子程序)

行号	子　程　序	解　　释
N1	X－10Y－10	
N2	G91G01Z－2F260	增量下刀
N3	G90G41X0	执行刀具半径补偿指令
N4	Y20	
N5	X12	
N6	G03X20Y12R8	
N7	G01Y0	
N8	X－10	
N9	G40X－10	取消刀具半径补偿
N10	M99	返回主程序

O2；(铣训练图右边零件的加工程序)

行号	主　程　序	解　　释
N1	G90G54G00X0Y0 S1600M03	定位起始点
N2	G43H1Z100	调用刀具长度,定位起始高度
N3	Z5 M08	
N4	M98P200D01	调用 O200 号子程序
N5	G51X0Y0Z0I1.5J1.5K2	*X*、*Y* 坐标放大 1.5 倍,*Z* 坐标放大 2 倍
N6	M98P200D01	调用 O200 号子程序
N7	G51X0Y0Z0I2.4J2.4K3	*X*、*Y* 坐标放大 2.4 倍,*Z* 坐标放大 3 倍
N8	M98P200D01	调用 O200 号子程序
N9	G50	取消缩放
N10	G0Z100	提刀到安全高度
N11	M30	程序结束并返回程序头

续表

O200；(子程序)		
行号	子 程 序	解 释
N1	X35Y10	X、Y 定位
N2	G01Z−2F260	增量下刀
N3	G41X8.661	执行刀具半径补偿指令
N4	G16X10Y−30	极坐标生效
N5	Y−90	
N6	Y−150	
N7	Y150	
N8	Y90	
N9	Y30	
N10	G0Z5	
N11	G15	取消极坐标
N12	G40X35Y10	取消刀具半径补偿
N13	M99	返回主程序

2.3.2 学生自主编程

学生独立完成程序编写，并填写表 2.3 加工程序清单。

表 2.3 加工程序清单

序号	程序号	刀具	刀具号	刀具长度补偿号	备注

2.4 加工前准备

1. 机床准备(表 2.4)

表 2.4 机床准备卡片

	机械部分				电器部分		数控系统部分			辅助部分	
设备检查	主轴部分	进给部分	刀架部分	润滑部分	主电源	冷却风扇	电器元件	控制部分	驱动部分	冷却	润滑
检查情况											
注：经检查后该部分完好，在相应项目下打“√”；若出现问题及时报修。											

2. 工件安装

(1) 精密平口虎钳安装牢固,位置方向要正确。
(2) 工件夹紧力适当,安装牢固。
(3) 工件安装的高度正确,夹具不能与刀具发生干涉。
(4) 工作坐标系设定要正确。

3. 刀具安装及加工参数设置

(1) 铣刀伸出长度尽可能地短,以增加刀具的刚性。
(2) 安装的刀具号要对应好。
(3) 刀具的补偿数值应输入在与程序中该刀具相对应的刀补号中。

2.5　实际零件加工

1. 教师演示

(1) 工件的装夹、找正及坐标系设置。
(2) 刀具的准备、安装及参数设置。
(3) 加工程序的编制和程序输入。
(4) 加工过程中的切削用量的调整。

2. 学生加工训练

训练过程中,指导教师巡回指导,及时纠正不正确的操作姿势,解决学生练习中出现的各种问题。

2.6　课题小结

1. 教学策略:小组汇报、教师总结

通过小组汇报的方式,教师可以以小组为单位了解各组的工件完成情况及存在的问题,并有针对性地提出下一步的教学方案,对操作较好的学生提出改进意见,对技能情况掌握不理想的学生提出提高方案。

教师以本课题中提出的学习目标总结学生实际掌握的情况及存在的问题,为下一阶段的学习打下基础。

2. 课题考核

(1) 考核方式:随堂考核。
(2) 考核要求:以学生在实际操作中的不同阶段完成课题的情况予以分别考核,如学生的操作规范、程序编写和工件加工等环节。

2.7 综合评价

1. 自我评价(表 2.5)

表 2.5 自我评价表

课题名称			课时				
课题自我评价成绩			任课教师				
类别	序号	自我评价项目	结果	A	B	C	D
编程	1	程序是否能顺利完成加工					
	2	编程的格式及关键指令是否能正确使用					
	3	题目：通过该零件编程的收获主要有哪些？ 作答：					
工件刀具安装	1	刀具安装是否正确					
	2	工件安装是否正确					
	3	题目：安装刀具时需要注意的事项主要有哪些？ 作答：					
	4	题目：安装工件时需要注意的事项主要有哪些？ 作答：					
操作与加工	1	操作是否规范					
	2	着装是否规范					
	3	切削用量是否符合加工要求					
	4	刀柄和刀片的选用是否合理					
(本部分综合成绩)合计：							
自我总结							
学生签字： 年 月 日			指导教师签字： 年 月 日				

2. 小组互评(表 2.6)

表 2.6　小组互评表

序号	小组评价项目	评价情况
1	与其他同学口头交流学习内容时，是否顺畅	
2	是否尊重他人	
3	学习态度是否积极主动	
4	是否服从教师的教学安排和管理	
5	着装是否符合标准	
6	是否能正确地领会他人提出的学习问题	
7	是否按照安全规范操作	
8	是否能保持学习环境的干净整洁	
9	团队学习中主动与合作的情况如何	

参与评价同学签名：

年　　月　　日

3. 教师评价

教师总体评价：

教师签字：________

年　　月　　日

模块 3

旋转指令运用训练

学习目的

（1）掌握旋转指令编程格式；
（2）能够使用旋转指令编制零件加工程序。

学习要求

（1）学习旋转指令的编程方法；
（2）根据图纸合理作出刀具清单；
（3）正确规范操作机床完成零件加工，并能保证零件加工精度；
（4）按职业素养要求规范操作，养成良好的职业习惯。

学习重点和难点

（1）学习使用旋转指令进行程序编制及加工；
（2）学习合理安排加工工艺，确保零件各项形位公差。

教学策略

课堂讲授＋现场演练，讲授法、演练法、互动法。

旋转指令的格式及适用情况通过讲授法进行讲解，在讲解过程中给出案例展示，通过案例展示引导学生了解旋转指令在加工中的作用，随后学生进行编程和加工训练，教师根据学生对训练完成情况教师进行点评和总结。

形位公差的保证方法及测量方法的理论基础通过板书的形式进行讲解，然后结合 PPT 动画，演示形位公差的保证方法，教师演示形位公差的测量方法，通过测量演示使学生更进一步认识形位公差的相关知识，最后请学生根据要求测量相关的形位精度，并说明所采用测量方法的原因。

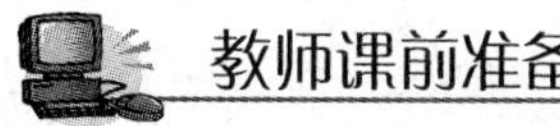

教师课前准备

1. 教学用具

授课计划、纸质及电子教案、课件、黑板、粉笔、多媒体设备、实物样件等。

2. 教学管理物品

实训过程记录表、实训成绩评价标准、实训报告评分标准、实训室使用记录表、仪器设备维护保养卡等。

3. 检查实训设备

开机前检查机床外观各部位是否存在异常，如防护罩、脚踏板等部位；检查机床润滑油液及冷却液是否充足；检查电、气是否达到开机要求，检查主轴、工作台、夹具上是否有异物；检查机床面板各旋钮状态；开机后检查机床是否存在报警并完成返回机床参考点操作，操作环境温度较低时，必须暖机 3～5min。

4. 训练用具(表 3.1)

表 3.1　训练用具清单

序号	类别	名　称	规　格	数量	备注
1	材料	LY12	75mm×75mm×32mm		
2	刀具	高速钢立铣刀	ϕ12mm	各 1 支	
		中心钻	ϕ3mm		
		钻头	ϕ7.8mm		
		铰刀	ϕ8H7mm		
3	夹具	精密平口虎钳	0～300mm	1 套	
4	量具	游标卡尺	1～150mm	1 把	
		千分尺	0～25mm、25～50mm、50～75mm	各 1 把	
		深度千分尺	0～25mm	1 把	
		内测千分尺	5～30mm	1 把	
5	工具	铣夹头		1 个	
		钻夹头		1 个	
		弹簧夹套	ϕ12mm	各 1 个	与刀具配套
		平行垫铁		1 副	
		油石		1 块	

学生课前准备

(1) 理论知识点准备：数控加工工艺知识，刀具切削相关知识，互换性与测量技术相关知识，常用量具的使用方法。

(2) 技能知识点准备：能够独立操作加工中心机床完成零件的加工。

(3) 教材及学习用具准备：本教材、学习笔记、笔、计算器。

(4) 衣着准备：工作服、工作帽、工作鞋。

本模块学习过程如图 3.1 所示。

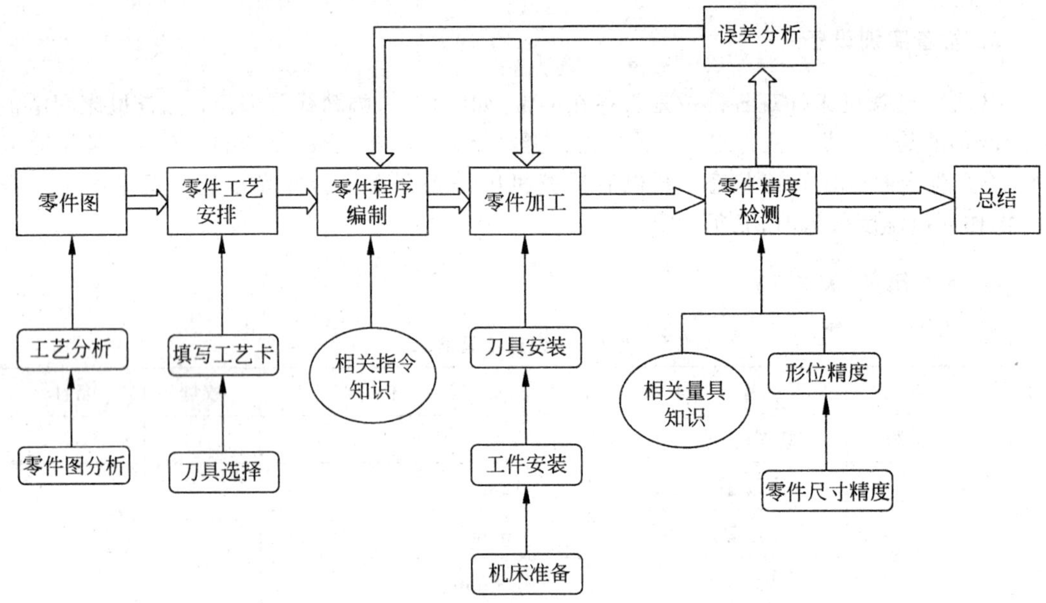

图 3.1　旋转指令运用训练学习过程示意图

学习导入

(1) 由检查、提问旧知识导入：通过案例及实物展示的方式引导学生提问，激发学生回忆已经学过的相关知识并回答引入问题。

(2) 由生动的实例导入：通过展示动画的方式引导学生思考教师设置的问题，并给出自己的观点及想法。

3.1　图样与评分标准

图样见图 3.2，对应的评分标准见表 3.2。

0.025 A
4×$13^{+0.03}_{0}$
4×R8
8×R6.5
8×R6.5
4×R1
8×R14
51±0.015
51±0.015
2×68±0.015
0.025 A
a: X25.50 Y1.0
b: X25.50 Y14.0
c: X14.675 Y8.878
d: X9.649 Y6.50
e: X6.50 Y6.50
f: X6.50 Y9.649
g: X8.878 Y14.675
h: X14.0 Y25.50
i: X1.0 Y25.50
1.6
5×φ8H7
B
A
0.04 B
$8^{+0.05}_{0}$
$14^{+0.05}_{0}$
$22^{+0.05}_{0}$
30±0.08
// 0.04 B
技术要求
1. 锐边倒钝；
2. 未注公差尺寸允差为±0.1mm。
4×R16.5
8×R3
4×R6.5
4×R2
φ31
0.025 A
2×28±0.015
2×64±0.05
A: X22.0 Y6.50
B: X29.0 Y6.50
C: X29.0 Y12.50
D: X12.50 Y29.0
E: X6.50 Y29.0
F: X6.50 Y22.0
制图
校核
旋转指令训练
比例 1:1
材料 LY12
加工中心高级技能训练图(3)

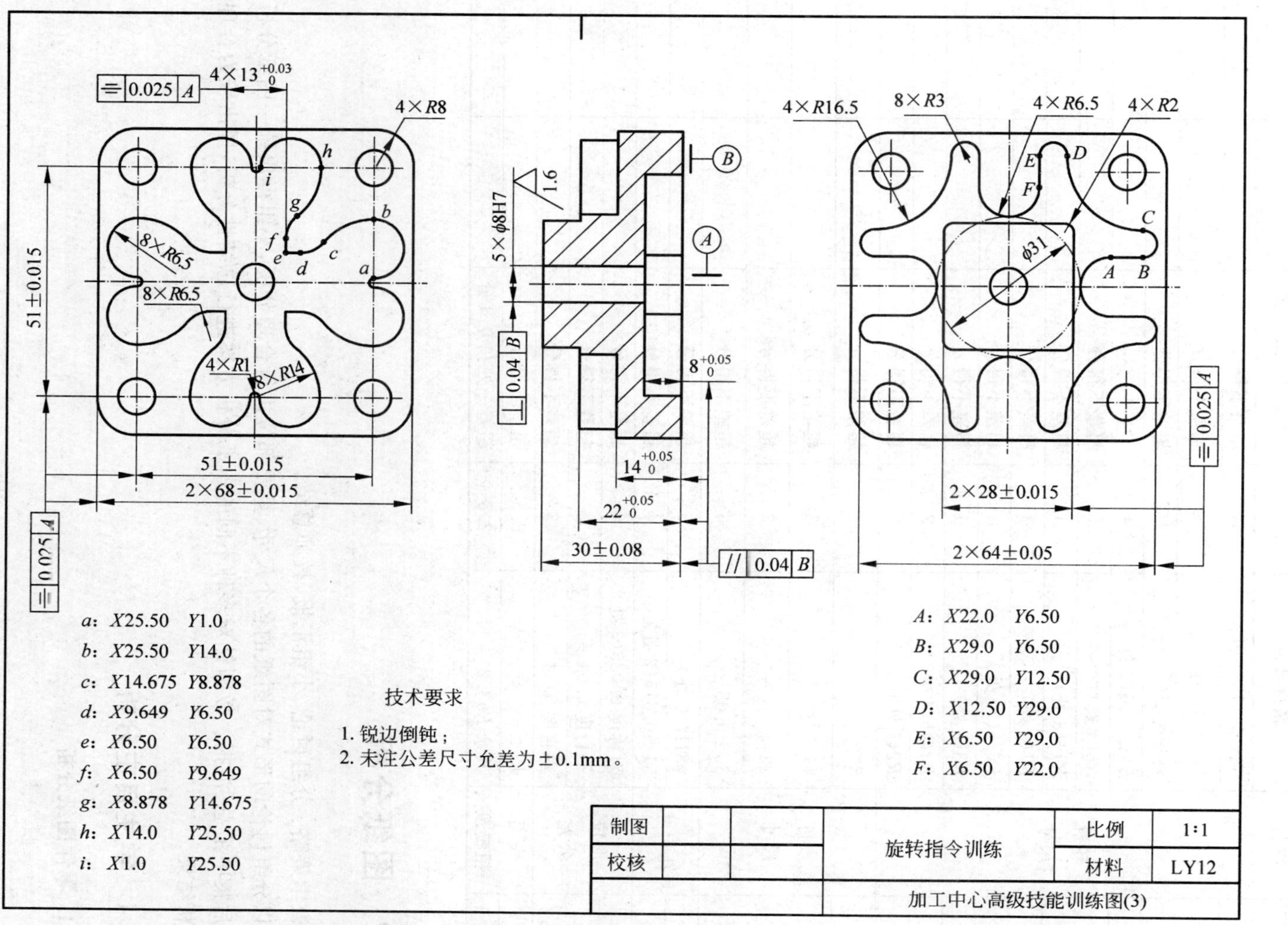

图 3.2　旋转指令训练图

表 3.2 旋转指令训练图评分表(配分 100 分) 实得分________

序号	考核项目	考核内容及精度要求	配分	评分标准	检测结果	得分
1	轮廓尺寸	68±0.015(2 处)	10	超差不得分		
2		$13^{+0.03}_{0}$(4 处)	12	超差不得分		
3		28±0.015(2 处)	10	超差不得分		
4		64±0.05(2 处)	4			
5		*R*8(4 处)	2	超差不得分		
6		*R*14(8 处)	4	超差不得分		
7		*R*1(4 处)	2	超差不得分		
8		*R*6.5(20 处)	10	超差不得分		
9		*R*3(8 处)	4	超差不得分		
10		*R*16.5(4 处)	2	超差不得分		
11		*R*2(4 处)	2	超差不得分		
12	深度尺寸	$8^{+0.05}_{0}$	3	超差不得分		
13		$14^{+0.05}_{0}$	3	超差不得分		
14		$22^{+0.05}_{0}$	3	超差不得分		
15		30±0.08	3	超差不得分		
16	孔尺寸	ϕ8H7(5 处)	5	超差不得分		
17		51±0.015(2 处)	4	超差不得分		
18	形位公差	对称度 0.025(3 处)	6	超差不得分		
19		平行度 0.04	3	超差不得分		
20		垂直度 0.04	3	超差不得分		
21	表面粗糙度	*Ra*1.6	2.5	超差不得分		
22		其余 *Ra*3.2	2.5	超差一处扣 0.3 分		

3.2 图纸分析

教学策略：分组讨论、小组汇报、教师总结。

以分组讨论的形式对图纸的各个尺寸、重要部位进行合理分析，小组得出统一图纸分析方案后集中汇总、汇报。教师针对多种不同的图纸分析方案进行总结性分析，提出较为合理的分析结果。

3.2.1 学生自主分析

1. 零件图纸分析

____

____

____

2. 工艺分析

1) 结构分析

2) 精度分析

3) 定位及装夹分析

4) 加工工艺分析

3.2.2 参考分析

1. 零件图分析

如图 3.2 所示，零件较复杂，层次比较多，材料去除量较大，层次感分明。该零件由正反面形状各异的轮廓、槽组成。前视图包括由(68±0.015)mm×(68±0.015)mm 圆角为 R8mm 的方，高 $14^{+0.05}_{0}$ mm；由 $13^{+0.03}_{0}$ mm、多个 R6.5mm 及 R14mm 圆弧组成的深 $8^{+0.05}_{0}$ mm 的凹槽；5 个 ϕ8H7 通孔等组成。后视图由两个封闭轮廓组成，一个由(28±0.015)mm×(28±0.015)mm 圆角为 R2mm，高 8mm 的方；一个由多个 R16.5mm、R3mm 和 R6.5mm 圆弧组成的高 8mm 的凸台。零件形状具有对称性，精度较高，在加工中要保证其加工精度。

2. 工艺分析

1) 毛坯选择：依据图纸，材料选择硬铝，尺寸规格 75mm×75mm×32mm，如图 3.3 所示。

2) 整体加工工艺分析：经过以上分析，考虑到零件结构，零件加工时总体安排顺序是，先加工零件前视图面的外形轮廓、槽及孔，翻面加工后视图面的外形轮廓。

3) 结构分析：在零件上存在外形、槽和孔等结构，在加工时应重点考虑工艺、编程、刀具及切削用量等问题。

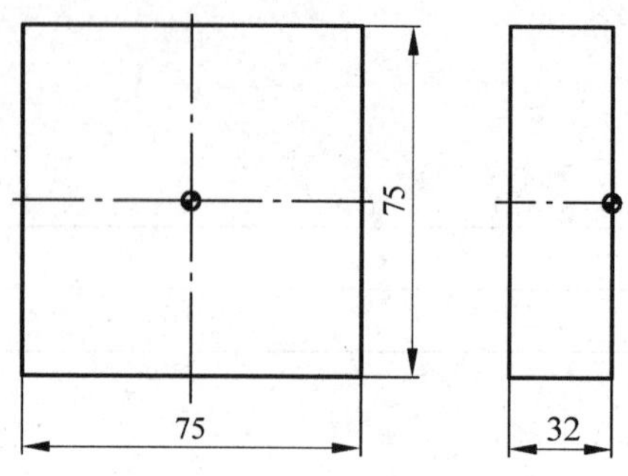

图 3.3 毛坯图

4) 精度分析：在零件前视图面上存在(68±0.015)mm、$13^{+0.05}_{0}$mm、(68±0.015)mm、(64±0.05)mm、ϕ8H7mm、$8^{+0.05}_{0}$mm、$14^{+0.05}_{0}$mm、$22^{+0.05}_{0}$mm 和(30±0.08)mm 等精度要求，在加工时应重点考虑工件的加工刚性、加工工艺、刀具选择等对加工精度的影响。

5) 装夹及定位分析

(1) 装夹：工件的装夹方法直接影响零件的加工精度和加工效率，必须根据图纸认真考虑。该零件可采用精密平口钳和垫铁配合使用来完成零件装夹，见图 3.4，工件装夹高度由垫铁调整，夹紧工件，用木锤轻敲工件上表面，检查工件和垫铁接触状态，完成工件装夹。

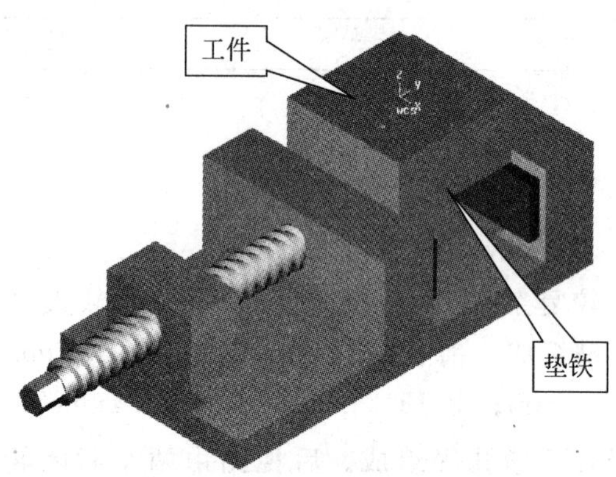

图 3.4 工件装夹

该零件加工采用基准重合原则，工件装夹时的夹紧力要适中，既要防止工件的变形和夹伤，又要防止工件在加工时的松动，特别是翻面装夹时夹紧力要适中，要防止工件的变形和夹伤。

(2) 定位：在加工中心机床上加工零件时，首先要建立一个工作坐标系，确定坐标系的零点，整个过程是工件的定位过程。第一次装夹加工时可采用试切法建立一个工作坐标系，工作坐标系原点设置在零件上表面的中心。第二次装夹加工时定位需采用杆杆百分表找正，以已加工面为基准利用机床坐标显示功能，确定零点，零点的位置要与编程零点位置一致，与设计基准重合，工作坐标系原点 X、Y 设置在如图 3.5 所示位置，Z 设置在零件的上表面。

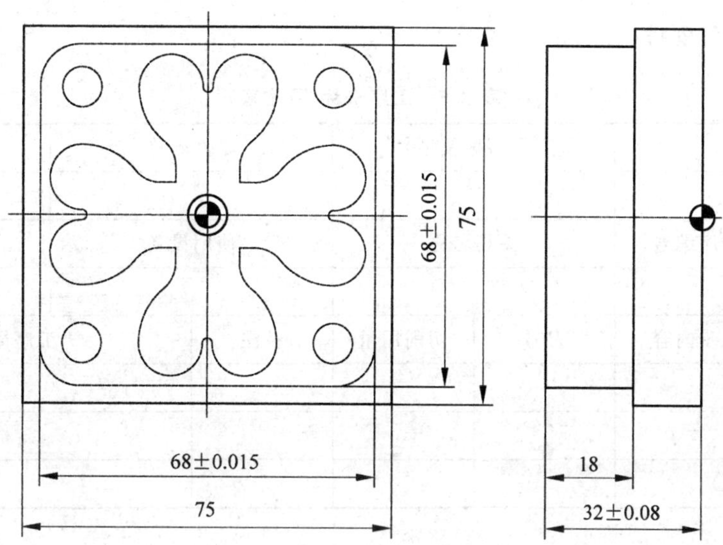

图 3.5 后视图工作坐标系原点

3.3 工艺规程设计

教学策略：分组讨论、小组汇报、教师总结。

以分组讨论的形式对零件提出整体的加工方案，小组得出统一方案后集中汇总、汇报。教师针对多种不同的加工方案进行分析，并提出较为合理的工艺路线。

3.3.1 学生自主设计

1. 刀具选择(表 3.3)

表 3.3 刀具卡片

刀具名称	刀具规格	材料	数量	刀具用途	备注

2. 切削参数选择(表 3.4)

表 3.4 切削参数卡片

刀具	切削速度 v/(mm/min)	每刃进给量 f/(mm/刃)	主轴转速 S/(r/min)	进给速度 F/(mm/min)	备注

3. 工艺规程安排(表 3.5)

表 3.5 工序卡片(可附表)

<table>
<tr><td colspan="2">单位</td><td colspan="2">产品名称及型号</td><td colspan="2">零件名称</td><td>零件图号</td></tr>
<tr><td colspan="2"></td><td colspan="2"></td><td colspan="2"></td><td></td></tr>
<tr><td>工序号</td><td>程序编号</td><td colspan="2">夹具名称</td><td colspan="2">使用设备</td><td>工件材料</td></tr>
<tr><td></td><td></td><td colspan="2"></td><td colspan="2"></td><td></td></tr>
<tr><td>工步</td><td>工步内容</td><td>刀号</td><td>切削用量</td><td>备注</td><td colspan="2">工序简图</td></tr>
<tr><td></td><td></td><td></td><td></td><td></td><td colspan="2"></td></tr>
<tr><td></td><td></td><td></td><td></td><td></td><td colspan="2"></td></tr>
<tr><td></td><td></td><td></td><td></td><td></td><td colspan="2"></td></tr>
</table>

3.3.2 参考分析

1. 刀具选择

刀具材料的选择及合理应用是十分重要的,目前切削加工中所用的刀具材料主要有高速钢、硬质合金、陶瓷和人造金刚石、立方氮化硼等材料。根据加工材料,选择切削加工生产率、加工质量高的刀具。本例工件材料为硬铝,刀具选择刃口锋利、直线度好、精度高的高速钢整体立铣刀。

刀具使用时,考虑粗精加工刀具分开原则,防止精加工刀具过早地磨损。根据图纸,考虑零件的结构,切削加工生产率,选用刀具如表 3.6 所示。

表 3.6 刀具卡片

<table>
<tr><th>刀具名称</th><th>刀具规格</th><th>材料</th><th>数量</th><th>刀具用途</th><th>备注</th></tr>
<tr><td>立铣刀</td><td>ϕ12mm</td><td>高速钢</td><td>1</td><td>平面加工,轮廓粗加工</td><td></td></tr>
<tr><td rowspan="2">立铣刀</td><td rowspan="2">ϕ8mm</td><td rowspan="2">高速钢</td><td rowspan="2">2</td><td>轮廓粗加工、形槽粗加工等</td><td></td></tr>
<tr><td>轮廓精加工、形槽精加工等</td><td></td></tr>
<tr><td>中心钻</td><td>ϕ3mm</td><td>高速钢</td><td>1</td><td>钻中心孔</td><td></td></tr>
<tr><td>麻花钻</td><td>ϕ7.8mm</td><td>高速钢</td><td>1</td><td>钻孔</td><td></td></tr>
<tr><td>铰刀</td><td>ϕ8H7mm</td><td>高速钢</td><td>1</td><td>铰孔</td><td></td></tr>
</table>

2. 切削参数选择

根据加工对象的材质,刀具的材质和规格,从金属切削参数书籍中查找刀具线速度、单刃切削量,确定选用刀具的转速、进给速度,参考切削参数如表 3.7。

表 3.7　切削参数卡片

刀具	切削速度 v/(mm/min)	每刃进给量 f/(mm/刃)	主轴转速 S/(r/min)	进给速度 F/(mm/min)	备注
ϕ12mm 立铣刀	50	0.04	1300	210	粗加工
	80	0.035	2100	300	精加工
ϕ3mm 中心钻	30	0.03	3200	200	
ϕ7.8mm 钻头	30	0.05	1200	120	
ϕ8H7mm 铰刀	8	0.1	400	80	

3. 切削深度 a_p

切削深度在粗加工时主要受机床和刀具刚度的限制，一般情况下，径向切削量较大时切削深度取 0.5 倍 $D_{刀}$，否则切削深度可较大一些。

该零件材料为合金铝，根据零件结构特征，可选用 ϕ12mm 立铣刀加工，外轮廓(68 ± 0.015)mm×(68 ± 0.015)mm 圆角为 R8mm 的方，高 $14^{+0.05}_{0}$ mm，粗加工时须分层加工，其余轮廓深度最大加工深度为 8mm，机床刚度和刀具刚度能够满足加工要求，不需分层加工。

4. 工艺规程安排

依据图纸分析，零件加工工艺安排如表 3.8 所示。

表 3.8　基座工序卡片

单位		产品名称及型号		零件名称	零件图号
				旋转指令训练	
工序	程序编号	夹具名称		使用设备	工件材料
1	O0001	精密平口钳		VMC850	LY12
工步	工步内容	刀号	刀具及切削用量	备注	工序简图
1	铣平面，加工原点设定在工件上表面中心。 注意事项： 1. 选择较小切削量； 2. 排屑及时，冷却充分	T01	ϕ12mm 立铣刀 S=2100r/min F=300mm/min		
2	钻中心孔	T02	ϕ3mm 中心钻 S=3200r/min F=200mm/min		
3	钻 5 个 ϕ8H7$(^{+0.018}_{0})$mm 孔至 ϕ7.8mm	T03	ϕ7.8mm 麻花钻 S=1200r/min F=120mm/min		

续表

工步	工步内容	刀号	刀具及切削用量	备注	工序简图
4	粗铣(68±0.015)mm×(68±0.015)mm 圆角为 $R8$mm 的方，深 18mm，留余量 0.2mm	T01	$\phi12$mm 立铣刀 $S=1300$r/min $F=210$mm/min $a_p=9$mm	分层铣削	
5	粗铣由 $13^{+0.03}_{0}$ mm、多个 $R6.5$mm 及 $R14$mm 圆弧组成的内轮廓，深 $8^{+0.05}_{0}$mm，留余量 0.2mm	T02	$\phi12$mm 立铣刀 $S=1300$r/min $F=210$mm/min $a_p=7.8$mm		
6	半精铣、精铣(68±0.015) mm×(68±0.015) mm，圆角为 $R8$mm 的方，深 18mm 至尺寸	T01	$\phi12$mm 立铣刀 $S=2100$r/min $F=300$mm/min $a_p=18$mm		
7	半精、精铣由 $13^{+0.03}_{0}$ mm、多个 $R6.5$mm 及 $R14$mm 圆弧组成的内轮廓，深 $8^{+0.05}_{0}$ mm 至尺寸	T01	$\phi12$mm 立铣刀 $S=2100$r/min $F=300$mm/min $a_p=8$mm		
8	铰 5 个 $\phi8$H7mm 孔至尺寸	T04	$\phi8$H7mm 铰刀 $S=400$r/min $F=80$mm/min		

工序	程序编号	夹具名称	使用设备	工件材料
2	O0002	精密平口钳	VMC850	LY12

工步	工步内容	刀号	刀具及切削用量	备注	工序简图
1	铣平面，保证总高(30±0.08)mm 尺寸	T01	$\phi12$mm 立铣刀 $S=2100$r/min $F=300$mm/min		

续表

工步	工步内容	刀号	刀具及切削用量	备注	工序简图
2	粗铣（28±0.015）mm×(28±0.015) mm 圆角为 R2mm，高 8mm 的凸台，留余量 0.2mm	T01	ϕ12mm 立铣刀 S=1300r/min F=210mm/min a_p=8mm		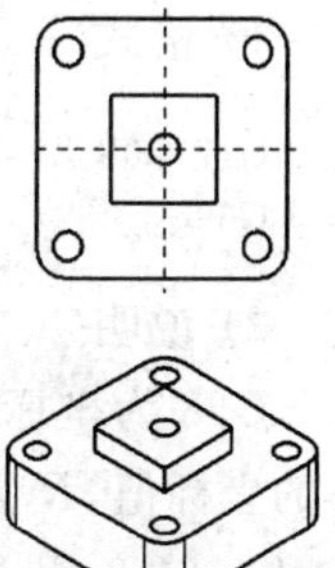
3	粗铣由多个 R16.5mm、R3mm 和 R6.5mm 圆弧组成，高 8mm 槽轮形状凸台，留余量 0.2mm	T01	ϕ12mm 立铣刀 S=1300r/min F=210mm/min a_p=8mm		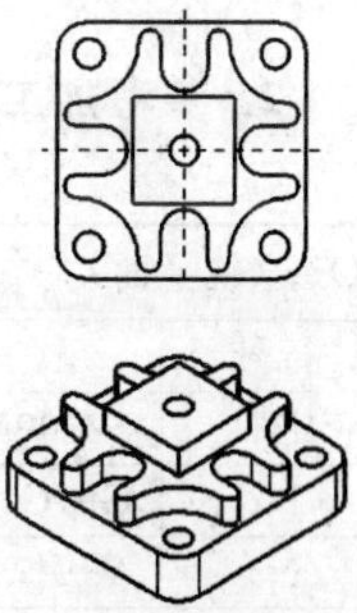
4	半精、精铣(28±0.015)mm×(28±0.015)mm 圆角为 R2mm，高 8mm 的凸台至尺寸，间接保证 $22^{+0.05}_{0}$ mm 尺寸	T01	ϕ12mm 立铣刀 S=2100r/min F=300mm/min a_p=8mm		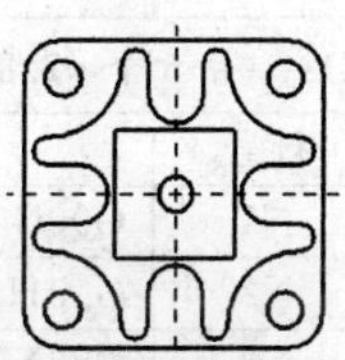
5	半精、精铣由多个 R16.5mm、R3mm 和 R6.5mm 圆弧组成，高 8mm 槽轮形状凸台至尺寸，间接保证 $14^{+0.05}_{0}$ mm 尺寸	T01	ϕ12mm 立铣刀 S=2100r/min F=300mm/min a_p=8mm		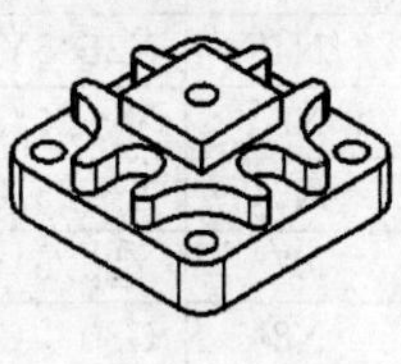

3.4 程序编制

教学策略：讲授法、提问法。

先讲授旋转指令的编程格式，然后针对零件图的加工编程逐一讲解。

3.4.1 参考编程

1. 旋转指令(G68,G69)

1) 格式

G17 G68 X＿Y＿R＿
G69

2) 说明

G68 为坐标旋转功能,G69 为取消坐标旋转功能;运动指令(X,Y)用于定义的旋转中心的坐标值,R 为旋转角度,单位是(°),$-360.0° \leqslant R \leqslant 360.0°$,角度不足 1°的以小数点表示,如 15°18′用 15.3°表示。

注:在有刀具补偿的情况下,先进行坐标旋转,然后才进行刀具半径补偿、刀具长度补偿。在有缩放功能的情况下,先缩放后旋转。

2. 参考加工程序

O1;(铣平面)

行号	程　　序	解　　释
N1	S2100M03	给定主轴转速
N2	G91G01X－90F300	给定 X 的增量坐标以及进给速度
N3	Y10	给定 Y 的增量坐标
N4	X90	
N5	Y10	
N6	M99	返回主程序

O2;(钻 5 个 ϕ7.8mm 孔程序)

行号	程　　序	解　　释
N1	G90G54G00X0Y0 S1200M03	定位起始点
N2	G43H3Z100	调用刀具长度,定位安全高度
N3	G83X0Y0R5Z－35Q2F120	使用 G83 指令钻孔
N4	X25.5Y25.5Z－25	
N5	Y－25.5	
N6	X－25.5	
N7	Y25.5	
N8	G80	取消固定循环指令
N9	M30	

O3;(铣(68±0.015)mm×(68±0.015)mm,圆角为 R8mm 方程序)

行号	程　　序	解　　释
N1	G90G54G00X45Y45 S1300M03	定位起始点
N2	G43H1Z100	调用刀具长度,定位安全高度
N3	Z5M08	
N4	G01Z－18F200	
N5	G41D01X34	执行刀具半径补偿指令

续表

行号	程　　序	解　　释
N6	Y−34,R8	
N7	X−34,R8	
N8	Y34,R8	
N9	X26	
N10	G02X34Y26R8	
N11	G00Z100	快速定位到安全高度
N12	G40X45Y45	取消刀具半径补偿
N13	M30	程序停止并返回程序头

O4;(铣由 $13^{+0.03}_{0}$mm、多个 $R6.5$mm 及 $R14$mm 圆弧组成,深 $8^{+0.05}_{0}$mm 花型轮廓程序)

行号	主　程　序	解　　释
N1	G90G54G00X0Y0 S1300M03	定位起始点
N2	G43H1Z100	调用刀具长度,定位安全高度
N3	Z5M08	
N4	G01Z−8F50	
N5	M98P100D01F200	调用子程序
N6	G68X0Y0R90	
N7	M98P100D01F200	
N8	G68X0Y0R180	
N9	M98P100D01F200	
N10	G68X0Y0R270	
N11	M98P100D01F200	
N12	G90G0Z100	
N13	G69	
N14	M30	

O100;(子程序)

行号	子　程　序	解　　释
N1	G01G41D1X6.5Y0	建立半径补偿
N2	Y9.649	
N3	G02X8.878Y14.675R6.5	
N4	G03X14Y25.5R14	
N5	G03X1Y25.5R6.5	
N6	G02X−1Y25.5R1	
N7	G03X−14Y25.5R6.5	
N8	G03X−8.878Y14.675R14	
N9	G02X−6.5Y9.649R6.5	
N10	G01Y0	
N11	G40X0	取消半径补偿
N12	M99	返回主程序

续表

O5；(铰 5 个 ϕ8H7mm 孔程序)

行号	程　序	解　释
N1	G90G54G00X0Y0 S400M03	定位起始点
N2	G43H4Z100	调用刀具长度,定位安全高度
N3	G81X0Y0R5Z－35F80	使用 G81 指令铰孔
N4	X25.5Y25.5Z－18	
N5	Y－25.5	
N6	X－25.5	
N7	Y25.5	
N8	G80	取消固定循环指令
N9	M30	

O6；(铣(28±0.015)mm×(28±0.015)mm,圆角为 R2mm,高 8mm 的凸台程序)

行号	程　序	解　释
N1	G90G54G00X45Y45 S1300M03	定位起始点
N2	G43H1Z100	调用刀具长度,定位安全高度
N3	Z5M08	
N4	G01Z－8F200	
N5	G41D01X14	执行刀具半径补偿指令
N6	Y－14,R2	
N7	X－14,R2	
N8	Y14,R2	
N9	X12	
N10	G02X14Y12R2	
N11	G00Z100	快速定位到安全高度
N12	G40X45Y45	取消刀具半径补偿
N13	M30	程序停止并返回程序头

O7；(铣由多个 R16.5mm、R3mm 和 R6.5mm 圆弧组成,高 8mm 槽轮形状凸台程序)

行号	主　程　序	解　释
N1	G90G54G00X0Y0 S1300M03	定位起始点
N2	G43H1Z100	调用刀具长度,定位安全高度
N3	Z5M08	
N4	M98P200D1F200	调用子程序
N5	G68X0Y0R90	
N6	M98P200D1F200	
N7	G68X0Y0R180	
N8	M98P200D1F200	
N9	G68X0Y0R270	
N10	M98P200D1F200	
N11	G90G0Z100	
N12	G69	
N13	M30	

续表

O200；（子程序）		
行号	子　程　序	解　　释
N1	X0Y45	
N2	G01Z－16	
N3	G41X－6.5	建立半径补偿
N4	Y22	
N5	G03X6.5R6.5	
N6	G01Y29	
N7	G02X12.5R3	
N8	G03X29Y12.5R16.5	
N9	G02X29Y6.5R3	
N10	G00Z5	
N11	G40Y0	取消半径补偿
N12	M99	返回主程序

3.4.2 学生自主编程

学生独立完成程序编辑，选择相应的加工方式并设置切削参数，填写表3.9加工程序清单。

表3.9 加工程序清单

序号	程序号	刀具	刀具号	刀具长度补偿号	备注

3.5 加工前准备

1. 机床准备（表3.10）

表3.10 机库准备卡片

设备检查	机械部分				电器部分		数控系统部分			辅助部分	
	主轴部分	进给部分	刀库部分	润滑部分	主电源	冷却风扇	电器元件	控制部分	驱动部分	冷却	润滑
检查情况											

注：经检查后该部分完好，在相应项目下打"√"，若出现问题及时报修。

2. 工件安装

(1) 精密平口虎钳安装牢固，位置方向要正确。

(2) 工件夹紧力适当,安装牢固。

(3) 工件安装的高度正确,夹具不能与刀具发生干涉。

(4) 工作坐标系设定要正确。

3. 刀具安装及加工参数设置

(1) 铣刀伸出长度尽可能地短,以增加刀具的刚性。

(2) 安装的刀具号要对应好。

(3) 刀具的补偿数值应输入在与程序中该刀具相对应的刀补号中。

3.6 实际零件加工

1. 教师演示

(1) 工件的装夹、找正及坐标系设置。

(2) 刀具的准备、安装及参数设置。

(3) 加工程序的编制和程序输入。

(4) 加工过程中的切削用量的调整。

2. 学生加工训练

训练过程中,指导教师巡回指导,及时纠正不正确的操作姿势、解决学生练习中出现的各种问题。

3.7 零件测量

教学策略:讲授法、互动法。

零件的加工质量的高低,取决于加工尺寸与零件图纸的符合度,取决于零件尺寸测量的准确度。在对加工零件测量时采用讲授量具的选择、校正及测量的方法,以便学生掌握测量方法;实际测量中可以采用同组学生互测、教师抽测的方法检测零件的加工质量,积累测量经验,提高学生的质量意识。

3.7.1 参考检测工艺

1. 检测(68±0.015)mm 尺寸

用0.01精度的50~75mm外径千分尺测量该尺寸3个不同位置,根据测量结果和被测尺寸的公差要求判断是否合格。

2. 检测(28±0.015)mm 尺寸

用0.01精度的25~50mm外径千分尺测量该尺寸4个不同位置,根据测量结果和被测尺寸的公差要求判断是否合格。

3. 检测 $13^{+0.03}_{0}$mm 尺寸

用 0.01 精度的 5～30mm 内测千分尺测量该尺寸 3 个不同位置，根据测量结果和被测尺寸的公差要求判断是否合格。

4. 检测(64±0.05)mm 和(30±0.08)mm 尺寸

用 0.02 精度的游标卡尺测量该尺寸，根据测量结果和被测尺寸的公差要求判断是否合格。

5. 检测 $8^{+0.05}_{0}$mm、$14^{+0.05}_{0}$mm、$22^{+0.05}_{0}$mm 和(30±0.08)mm 尺寸

用 0.01 精度的 0～25mm 深度千分尺测量该尺寸 3 个不同位置，根据测量结果和被测尺寸的公差要求判断是否合格。

6. 检测 ϕ8H7 孔

用 ϕ8H7 塞规检验，塞规的通端插入深度大于被测深度的 2/3，止端插入深度小于被测深度的 1/3 为合格。

7. 检测圆弧面

用 R 规进行比较测量，根据测量圆弧面和 R 规的符合度判断是否合格。

8. 检测对称度

在中心 ϕ8H7($^{+0.018}_{0}$)mm 孔中插入心轴，把工件垂直放置在平板上，推动工件，将百分表的测量头置于心轴上，并记录最高点数值，然后将工件转 180°，推动工件，将百分表的测量头置于心轴上，并记录最高点数值。百分表所示的数值之差就是对称度误差。根据测量结果和对称度要求判断是否合格。

9. 检测平行度

把工件放置在平板上，将百分表的测量头置于上表面，推动工件，并记录百分表显示的差值。百分表所示的数值之差就是平行度误差。根据测量结果和平行度要求判断是否合格。

10. 检测表面粗糙度 *Ra*1.6 和 *Ra*3.2

用表面粗糙度比较样本进行比较，验定表面粗糙度。

11. 零件自由公差尺寸的检测

零件自由公差尺寸用样板、游标卡尺、圆弧样板、R 规检验，根据测量结果和被测尺寸的公差要求判断是否合格。

3.7.2 检测并填写记录表

教学策略：小组互检、个人验证、教师抽验。

首先以小组为单位进行互检，由检测同学按评分表给出一个互检成绩；然后个人对自己加工的工件进行自检并与互检成绩、检测结果进行比较，从中发现问题尺寸并找出检测出现不同结果的原因，更正出现失误的环节；最后由教师对学生的零件进行抽样检测，并针对出现的问题集中解释出现测量误差的原因及提出改进的方法。

3.8 加工误差分析及后续处理

1. 教学策略：学生反馈、讲授法、提问法

针对学生出现加工误差并及时反馈的情况，教师进行集中汇总，针对出现的较多情况采用讲授的方法来指导学生了解出现的原因；对于出现概率不大或没有出现的情况，教师采用提问的方法引导学生自主分析加工误差产生的原因。

2. 加工误差分析

加工中心机床上进行铣削加工过程中产生精度降低的原因是多方面的，经常遇到的加工误差有多种，其问题现象、产生的原因、预防和消除的措施见表3.11。

表3.11 加工误差分析及后续处理

问题现象	产生原因	预防和消除
尺寸超差	1. 刀具数据不准确 2. 切削用量选择不当产生让刀 3. 程序错误 4. 零件图绘制错误	1. 调整或重新设定刀具数据 2. 合理选择切削用量 3. 检查、修改加工程序 4. 正确绘制零件图
深度尺寸不一致	1. 工件装夹校正不正确 2. 装夹不牢靠，加工过程中产生松动 3. 刀具磨损	1. 工件装夹校正准确 2. 装夹工件准确牢靠 3. 更换刀具
表面有振纹	1. 工件装夹不正确 2. 刀具安装不正确 3. 切削参数不正确	1. 检查工件安装，增加安装刚性 2. 调理刀具安装位置 3. 提高或降低切削速度
切削过程中刀具折断	1. 进给量过大 2. 切削深度过大 3. 切屑阻塞	1. 降低进给速度 2. 减小切削深度 3. 浇注充足冷却液及时排屑
表面粗糙度差	1. 切削速度过低 2. 切削液选用不合理 3. 刀具切削刃不锋利	1. 调高主轴转速 2. 选择正确的切削液，并充分喷注 3. 选择刀刃锋利刀具
铰孔孔径超差	1. 铰刀外径尺寸偏大或偏小 2. 切削速度过高过低，进给量不当 3. 加工余量过大 4. 铰刀不锋利或弯曲 5. 切削液选择不合适	1. 选择合适的铰刀 2. 选择合适的切削速度进给量 3. 减少加工余量 4. 更换铰刀 5. 选择合适切削液

3.9 课题小结

1. 教学策略：小组汇报、教师总结

通过小组汇报的方式，教师可以以小组为单位了解各组的工件完成情况及存在的问题，并有针对性地提出下一步的教学方案，对操作较好的学生提出改进意见，对技能情况掌握不理想的学生提出提高方案。

教师以本课题中提出的学习目标总结学生实际掌握的情况及存在的问题，为下一阶段的学习打下基础。

2. 课题考核

(1) 考核方式：日常考核。

(2) 考核要求：首先以课题提出的评分标准为一定的考核依据，同时配合学生实际操作中的不同阶段予以分别考核，如学生的操作规范、工件加工、零件检测等环节。

3.10 综合评价

1. 自我评价(表 3.12)

表 3.12 自我评价表

课题名称			课时				
课题自我评价成绩			任课教师				
类别	序号	自我评价项目	结果	A	B	C	D
编程	1	程序是否能顺利完成加工					
	2	程序是否满足零件的工艺要求					
	3	编程的格式及关键指令是否能正确使用					
	4	题目：你设计本程序的主要思路是什么？ 作答：					
工件刀具安装	1	刀具安装是否正确					
	2	工件安装是否正确					
	3	题目：安装刀具时需要注意的事项主要有哪些？ 作答：					
	4	题目：安装工件时需要注意的事项主要有哪些？ 作答：					

续表

类别	序号	自我评价项目	结果	A	B	C	D
操作与加工	1	操作是否规范					
	2	着装是否规范					
	3	切削用量是否符合加工要求					
	4	题目：加工时需要注意的事项主要有哪些？ 作答：					
	5	题目：加工时经常出现的加工误差主要有哪些？ 作答：					
精度检测	1	题目：是否了解本零件测量需要的各种量具的原理及使用？ 作答：					
	2	题目：本零件精度检测的主要内容是什么？采用了何种方法？ 作答：					
	3	题目：批量生产时，你将如何检测该零件的各项精度要求？ 作答：					
（本部分综合成绩）合计：							
自我总结							
学生签字： 年 月 日			指导教师签字： 年 月 日				

2. 小组互评(表 3.13)

表 3.13 小组互评表

序号	小组评价项目	评价情况
1	是否尊重他人	
2	是否服从教师的教学安排和管理	
3	学习态度是否积极主动	
4	着装是否符合标准	

续表

序号	小组评价项目	评价情况
5	是否按照安全规范操作	
6	是否能正确地领会他人提出的学习问题	
7	是否合理规范地使用工具和量具	
8	是否能保持学习环境的干净整洁	
9	能否辨别工作环境中哪些是危险的因素	
10	团队学习中主动与合作的情况如何	

参与评价同学签名：

年　　月　　日

3. 教师评价

教师总体评价：

教师签字：________

年　　月　　日

模块 4

螺纹和镗孔加工训练

学习目的

(1) 能够根据图纸内容编制加工程序；

(2) 掌握镗孔加工方法；

(3) 掌握螺纹铣削加工方法。

学习要求

(1) 合理安排加工工艺，加工程序编写正确；

(2) 正确规范操作机床和使用工量具，加工零件的尺寸符合图纸要求；

(3) 掌握镗刀的调整方法和技巧；

(4) 掌握大螺纹的铣削方法；

(5) 养成良好的职业习惯。

学习重点和难点

(1) 学习镗刀的调整方法；

(2) 学习攻螺纹的加工程序编制；

(3) 学习螺纹的铣削加工程序编制。

教学策略

课堂讲授＋现场演练，讲授法、演练法、互动法。

针对镗孔和螺纹加工的特点，工艺分析环节可以首先采用互动的方法使同学们展开讨论，随后教师跟进并进行课堂讲授的方法提出较为合理的工艺路线，对螺纹的牙型及参数、切削用量的选择也进行课堂讲授；刀具的选用、零件的装夹、找正的方法采用演练法。

教师课前准备

1. 教学用具

授课计划、纸质及电子教案、课件、黑板、粉笔、多媒体设备、实物样件等。

2. 教学管理物品

实训过程记录表、实训成绩评价标准、实训报告评分标准、实训室使用记录表、仪器设备维护保养卡等。

3. 检查实训设备

开机前检查机床外观各部位是否存在异常，如防护罩、脚踏板等部位；检查机床润滑油液及冷却液是否充足；检查电、气是否达到开机要求，检查主轴、工作台、夹具上是否有异物；检查机床面板各旋钮状态；开机后检查机床是否存在报警并完成返回机床参考点操作，操作环境温度较低时，必须暖机 3～5min。

4. 训练用具（表 4.1）

表 4.1 训练用具清单

序号	类别	名 称	规 格	数量	备注
1	材料	LY12	75mm×75mm×15mm		
2	刀具	高速钢立铣刀	ϕ12mm	各1支	
		中心钻	ϕ3mm		
		钻头	ϕ5mm		
		精镗刀	ϕ30mm		
		机用丝锥	M6		
		螺纹铣刀	M16×1.5		
3	夹具	精密平口虎钳	0～300mm	1套	
4	量具	游标卡尺	1～150mm	1把	
		内测千分尺	5～30mm	1把	
		螺纹塞规	M32×2	1套	
5	工具	铣夹头		2个	
		钻夹头		1个	
		弹簧夹套	ϕ12mm	各1个	与刀具配套
		平行垫铁		1副	
		油石		1块	

学生课前准备

(1) 理论知识点准备：了解镗孔、攻螺纹、铣削螺纹的加工方法。数控加工工艺及切削刀具的选用原则，精密量具的使用方法。

(2) 技能知识点准备：能够独立操作加工中心完成零件的加工。

(3) 教材及学习用具准备：本教材、学习笔记、笔、计算器。

(4) 衣着准备：工作服、工作帽、工作鞋。

本模块学习过程如图 3.1 所示。

学习导入

由提问旧知识导入：通过对镗孔和普通螺纹知识的提问，了解学生对镗孔和普通螺纹的认识情况。

4.1 图样与评分标准

图样见图 4.1，对应的评分标准见表 4.2。

表 4.2 镗孔和螺纹加工检测项目及评分表(配分 100 分) 实得分________

序号	考核项目	考核内容及精度要求	配分	评分标准	检测结果	得分
1	平行面尺寸	15±0.03	10	超差不得分		
2	镗孔尺寸	$\phi 30^{+0.02}_{0}$	30	超差不得分		
3	螺纹尺寸	M32×2	20	超差不得分		
4		M6(2 处)	15	超差不得分		
5	形位公差	圆度 0.02	10	超差不得分		
6	表面粗糙度	*Ra*1.6	5	超差不得分		
7		其余 *Ra*3.2	10	超差一处扣 2 分		

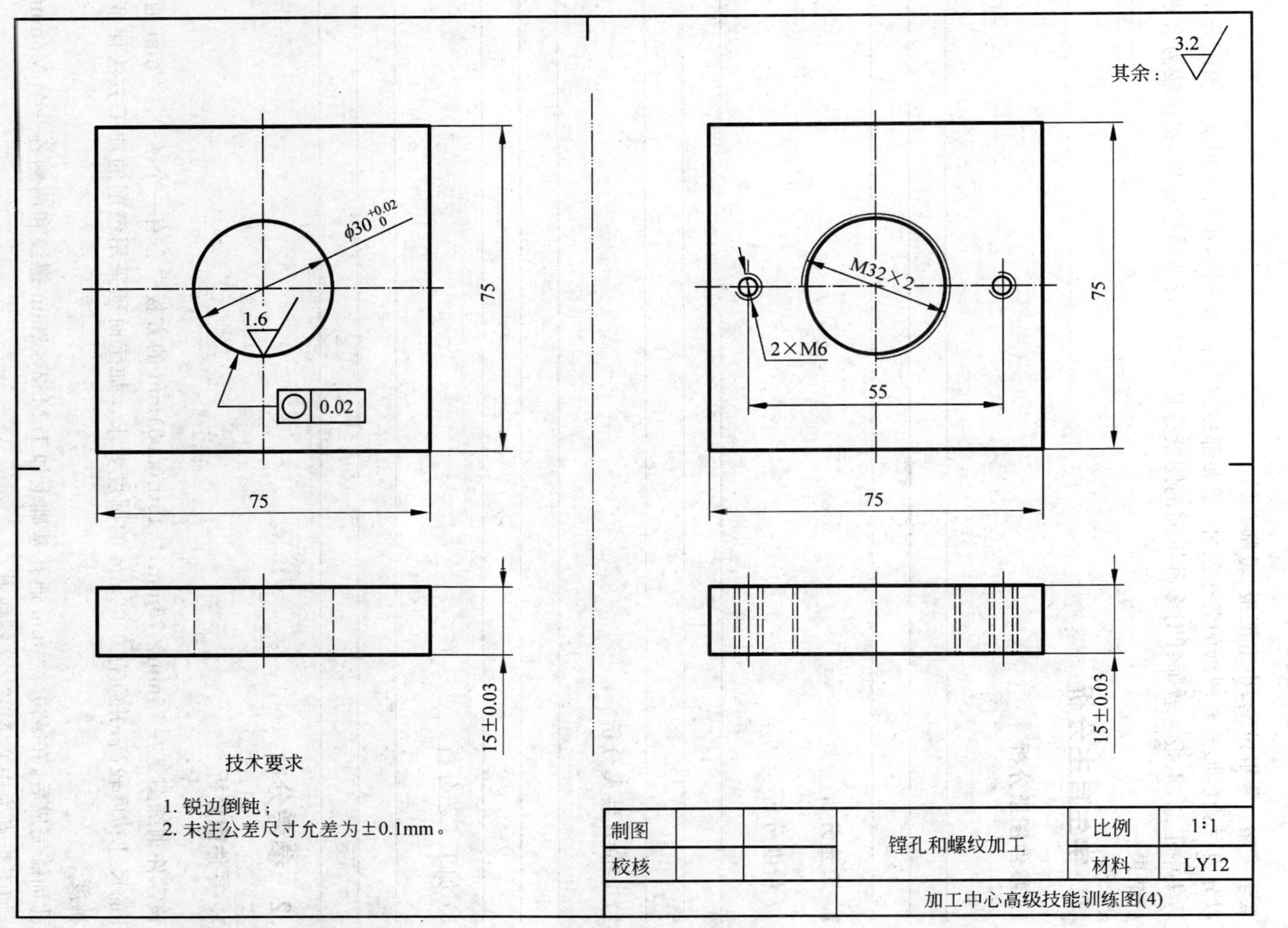

图 4.1　镗孔和螺纹加工训练图

4.2 图纸分析

教学策略：分组讨论、小组汇报、教师总结。

以分组讨论的形式对图纸的各个尺寸、重要部位进行合理分析，小组得出统一图纸分析方案后集中汇总、汇报。教师针对多种不同的图纸分析方案进行总结性分析，提出较为合理的分析结果。

4.2.1 学生自主分析

1. 零件图纸分析

____

____

____

2. 工艺分析

1）精度分析

____

____

____

2）定位及装夹分析

____

____

____

3）加工工艺分析

____

____

____

4.2.2 参考分析

1. 零件图分析

该零件训练图是在 75mm×75mm×(15±0.03)mm 的方板中心有一个 $\phi30^{+0.02}_{0}$mm 通孔，孔的尺寸精度较高，并且有 0.02mm 的圆度要求。加工时须采用镗削的加工方法保证加工精度。

孔训练完成后，在 $\phi30^{+0.02}_{0}$mm 通孔基础上加工 M32×2mm 螺纹和两侧各一个 M6mm 螺纹，加工难点为中心 M32×2 螺纹孔。

2. 螺纹底孔尺寸及切削参数计算

根据图 4.1 所示零件，螺纹底孔尺寸及切削参数计算如下：

螺纹底孔计算公式：底孔直径(D)＝螺纹尺寸(M)－螺距(P)

(1) M36×2 螺纹底孔直径 $d_1=32-2=30$(mm)。

(2) M6 螺纹底孔直径 $d_2=6-1=5$(mm)。

(3) 攻 M6 螺纹时主轴转速计算：$S=\dfrac{1000\times V}{\pi\times D}=\dfrac{1000\times 5}{3.14\times 6}\approx 260$(r/min)。

(4) 攻 M6 螺纹时进给速度计算：$F=S\times P=260\times 1=260$(mm/min)。

3. 工艺分析

(1) 毛坯选择：依据图纸，材料选择硬铝，基座毛坯尺寸 75mm×75mm×17mm，见图 4.2。

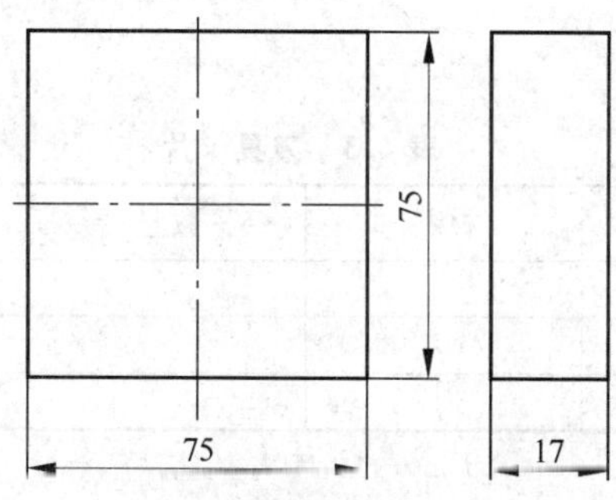

图 4.2　毛坯图

(2) 精度分析：零件板厚为(15±0.03)mm，$\phi30^{+0.02}_{0}$mm，通孔圆度公差及尺寸精度较高，均为 0.02mm，表面粗糙度要求 $Ra1.6$；螺纹 M32×2mm 及两个 M6mm 螺纹在未注公差的情况下，一般要求为 6g 精度，在加工时应重点考虑采用什么加工方法来保证孔尺寸精度和圆度公差要求。

(3) 定位及装夹分析：零件为板材，加工的孔均为通孔，加工时可采用精密平口虎钳加工合适的垫铁进行装夹。工件装夹时的夹紧力要适中，既要防止工件的变形和夹伤，又要防止工件在加工时的松动。工件装夹完成后应对工件进行找正，加工坐标系设置在工件上表面中心，见图 4.3。

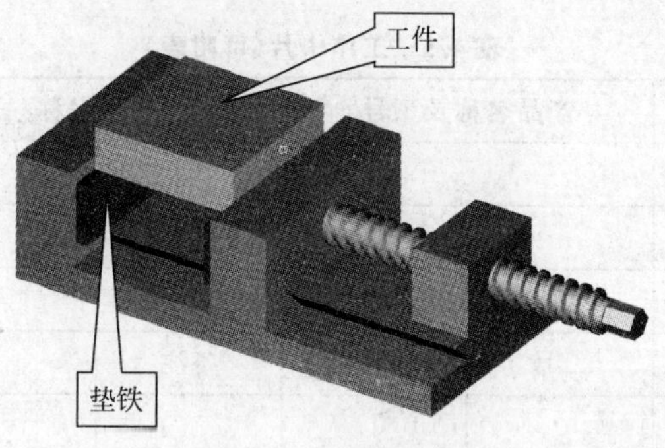

图 4.3　工件装夹图

(4) 加工工艺分析：经过以上分析，首先加工正方体大平面，保证平面度。接下来，零件翻面二次装夹，铣削上平面至厚度尺寸(15±0.03)mm；用螺旋线插补功能粗铣 $\phi30^{+0.02}_{0}$mm

孔至 $\phi29.6$mm；镗削 $\phi30^{+0.02}_{0}$mm 孔至尺寸；然后钻中心孔、钻 $\phi5$mm 底孔、攻两个 M6 螺纹孔，用螺纹铣刀铣削 M32×2mm 螺纹孔，最后去毛刺。

4.3 工艺规程设计

教学策略：分组讨论、小组汇报、教师总结。

以分组讨论的形式对零件提出整体的加工方案，小组得出统一方案后集中汇总、汇报。教师针对多种不同的加工方案进行分析，并提出较为合理的工艺路线。

4.3.1 学生自主设计

1. 刀具选择(表 4.3)

表 4.3 刀具卡片

刀具名称	刀具规格	材料	数量	刀具用途	备注

2. 切削参数选择(表 4.4)

表 4.4 切削参数卡片

刀具	切削速度 v/(mm/min)	每刃进给量 f/(mm/刃)	主轴转速 S/(r/min)	进给速度 F/(mm/min)	备注

3. 工艺规程安排(表 4.5)

表 4.5 工序卡片(可附表)

<table>
<tr><td colspan="2">单位</td><td colspan="2">产品名称及型号</td><td colspan="2">零件名称</td><td>零件图号</td></tr>
<tr><td colspan="2"></td><td colspan="2"></td><td colspan="2"></td><td></td></tr>
<tr><td>工序号</td><td>程序编号</td><td colspan="2">夹具名称</td><td colspan="2">使用设备</td><td>工件材料</td></tr>
<tr><td></td><td></td><td colspan="2"></td><td colspan="2"></td><td></td></tr>
<tr><td>工步</td><td>工步内容</td><td>刀号</td><td>切削用量</td><td>备注</td><td colspan="2">工序简图</td></tr>
<tr><td></td><td></td><td></td><td></td><td></td><td colspan="2"></td></tr>
<tr><td></td><td></td><td></td><td></td><td></td><td colspan="2"></td></tr>
<tr><td></td><td></td><td></td><td></td><td></td><td colspan="2"></td></tr>
</table>

4.3.2 参考分析

1. 主要刀具选择

刀具的选择及合理应用是保证加工质量的重要因素。根据图纸，考虑零件的结构和加工对象，切削加工生产率，选用 ϕ12mm 高速钢立铣刀，镗 ϕ30mm 孔的可微调的精镗刀、M6mm 丝锥和 $\phi16\times2$mm 螺纹铣刀等刀具。选用的刀具如表 4.6 所示。

表 4.6 刀具卡片

刀具名称	刀具规格	材料	数量	刀具用途	备注
立铣刀	ϕ12mm	高速钢	1	平面加工，孔粗加工	
镗刀	ϕ30mm	硬质合金	1	孔半精，精加工	
螺纹铣刀	$\phi16\times2$mm	硬质合金	1	铣 M32×2 螺纹	
中心钻	ϕ3mm	高速钢	1	钻中心孔	
麻花钻	ϕ5	高速钢	1	钻螺纹底孔	
丝锥	M6	高速钢	1	攻 M6 螺纹孔	

2. 切削参数选择

根据加工对象的材质，刀具的材质和规格，从金属切削参数书籍中查找刀具线速度、单刃切削量，确定选用刀具的转速、进给速度，参考切削参数如表 4.7。

表 4.7 切削参数卡片

刀具	切削速度 v/(mm/min)	每刃进给量 f/(mm/刃)	主轴转速 S/(r/min)	进给速度 F/(mm/min)	备注
ϕ12mm 立铣刀	80	0.04	2100	350	
ϕ30mm 镗刀	200	0.15	2000	300	精加工
螺纹铣刀	120	0.1	2500	250	
ϕ3mm 中心钻	30	0.03	3200	200	
ϕ5mm 钻头	25	0.05	1600	150	
M6 丝锥	5		260	260	

3. 工艺规程安排

从图纸分析，该工件主要由孔和螺纹孔组成，先铣上下平行面，然后加工粗铣孔、镗孔，接下来铣削大螺纹孔，最后钻孔、攻螺纹孔，各个零件加工工艺安排如表 4.8 及表 4.9 所示。

表 4.8 镗孔加工工序卡片

单位	产品名称及型号	零件名称	零件图号
		镗孔和螺纹加工训练	

续表

工序	程序编号	夹具名称		使用设备	工件材料
1		精密平口钳		VMC850	LY12
工步	工步内容	刀号	刀具及切削用量	备注	工序简图
1	铣平面,加工原点设定在工件上表面中心。 注意事项: 1. 选择较小切削量; 2. 排屑及时,冷却充分	T01	ϕ12mm 立铣刀 S=2100r/min F=350mm/min		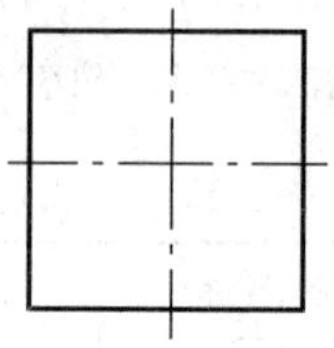 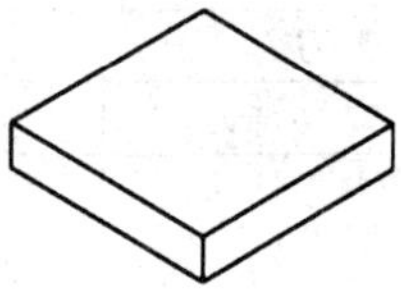
2	翻面装夹,铣上平面	T01	ϕ12mm 立铣刀 S=2100r/min F=350mm/min	保证厚度尺寸	
3	采用螺旋线插补功能铣削 $\phi30^{+0.02}_{0}$ mm 孔至 ϕ29.6mm	T01	ϕ12mm 立铣刀 S=2100r/min F=350mm/min a_p=1.5mm		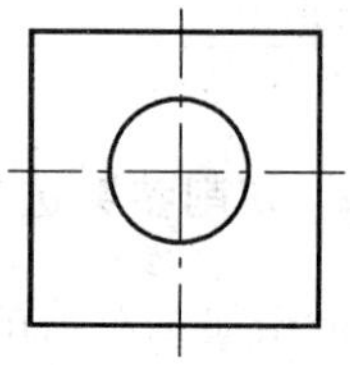 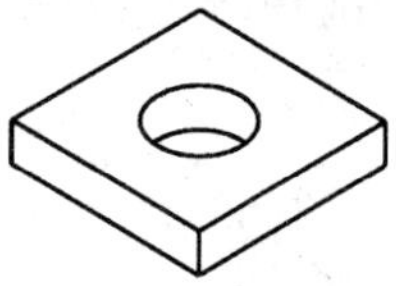
4	镗 $\phi30^{+0.02}_{0}$ mm 孔至尺寸	T02	S=2000r/min F=300mm/min	注意调整镗刀刀尖尺寸,保证孔尺寸精度	

表 4.9　螺纹加工工序卡片

单位		产品名称及型号		零件名称	零件图号
				镗孔和螺纹加工训练	G-4
工序	程序编号	夹具名称		使用设备	工件材料
2		精密平口钳		VMC850	LY12
工步	工步内容	刀号	刀具及切削用量	备注	工序简图
1	铣 M32×2 螺纹至尺寸	T03	S=2000r/min F=300mm/min	螺距 2mm	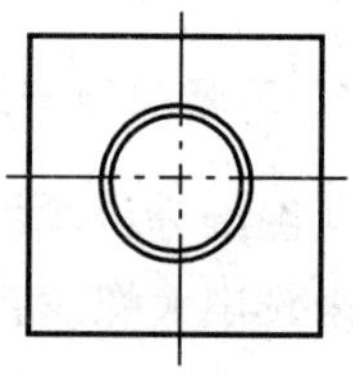 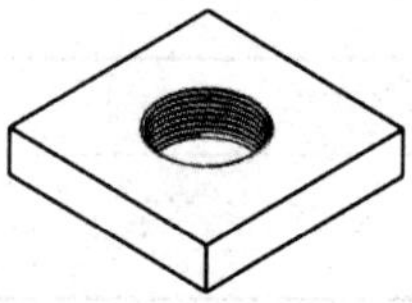

续表

工步	工步内容	刀号	刀具及切削用量	备注	工序简图
2	钻中心孔	T04	ϕ3mm 中心钻 S=3200r/min F=200mm/min		
3	钻两个 M6 底孔至 ϕ5mm	T05	ϕ5mm 麻花钻 S=1600r/min F=150mm/min		
4	攻 M6 螺纹	T06	M6 丝锥 S=260r/min F=260mm/min		

4.4　程序编制

教学策略：讲授法、提问法、反馈强化。

对螺旋铣孔、镗孔、螺纹铣削、攻螺纹加工指令进行细致的讲解，包括 G02/G03、G81、G83、G84、G86 指令之间的区别及各自的编写格式、注意事项等。

针对螺旋铣孔、镗孔、螺纹铣削、攻螺纹加工所使用的指令及粗精加工中程序的编制技巧、切削用量的给定都要逐一讲解。

4.4.1　学生自主编程(表 4.10)

表 4.10　编程卡片

序号	程　序	注　解

4.4.2　参考程序

1. 螺旋铣孔、镗孔加工训练程序

O1;(铣平面程序)

行号	程　序	解　释
N1	T1M06;	刀具为 ϕ12mm 的立铣刀
N2	G90G54G00X0Y0S2100 M03	程序初始化
N3	G43Z50 H01	1号刀具长度补偿
N4	X50	快速移动到入刀点

续表

行号	程　序	解　释
N5	Z5M08	快速接近点定位
N6	G01Z0F350	工进到 Z0
N7	M98P101L4	调用子程序 O101,调用次数 4 次
N8	G0Z50	退刀
N9	M30	程序结束并返回程序头

O101;(子程序)

行号	子 程 序	解　释
N1	G01X－50	运用增量坐标值编写铣削轨迹
N2	Y10.0;	
N3	X50.0;	
N4	Y10.0;	
N5	M99;	返回主程序

O2;(螺旋铣削 ϕ29.6mm 孔程序)

行号	程　序	解　释
N1	T1M06;	刀具为 ϕ12mm 的立铣刀
N2	G90G54G00X0Y0S2100 M03;	程序初始化
N3	G43Z50 H01	1 号刀具长度补偿
N4	Z5M08	快速移动点定位
N5	G01Z1F100	工进到 1mm
N6	G41D01G01X－14.8Y0	D01＝6.0,在直线段建立刀补
N7	M98P102L9	调用子程序 O102,调用次数 9 次
N8	G90G03X－14.8Y0 I14.8 J0	光整轮廓一周
N9	G40G01X0Y0	取消刀补
N10	G0Z50	退刀
N11	M30	程序结束并返回程序头

O102;(子程序)

行号	子 程 序	解　释
N1	G91G03I14.8Z－2F350	增量编程,每周刀具在 Z 向移动－2mm
N2	M99	返回主程序

O3;(镗 $\phi30^{+0.02}_{0}$ mm 孔程序)

行号	程　序	解　释
N1	T2M06	刀具为 ϕ30mm 的镗孔刀
N2	G90G54G00X0Y0S2000 M03	程序初始化
N3	G43Z50 H02M08	2 号刀具长度补偿
N4	G86 X0 Y0 Z－17 R5 F300	镗孔固定循环
N5	G80	取消固定循环
N6	M30	程序结束并返回程序头

2. 铣螺纹和攻螺纹程序

O4;(铣 M32×2 螺纹程序)

行号	程　序	解　释
N1	T3M06	刀具为 ϕ30mm 的镗孔刀
N2	G90G54G00X0Y0S2000 M03	程序初始化
N3	G43Z50 H03	3 号刀具长度补偿
N4	Z5M08	快速移动点定位
N5	G01Z－16F300	工进到－16mm
N6	G41D03G01X－18	建立半径补偿
N7	M98P104L10	调用 10 次 O104 子程序
N8	G40G01X0Y0G90	取消刀补
N9	M30;	程序结束并返回程序头

O104;(子程序)

行号	子 程 序	解　释
N1	G91G03I16Z2F300	增量编程,刀具每运行一周沿 Z 轴方向向上移动一个螺距 P＝2mm
N2	M99	返回主程序

O5;(钻 2×M6 中心孔程序)

行号	程　序	解　释
N1	T4M06	刀具为 ϕ3mm 的中心钻
N2	G90G54G00X0Y0S3200 M03	程序初始化
N3	G43Z50 H04	4 号刀具长度补偿
N4	G81 X27.5 Y0 Z－3 R3 F200	孔固定循环
N5	X－27.5 Y0	孔位坐标
N6	G80	取消固定循环
N7	M30	程序结束并返回程序头

O6;(钻 2×M6 底孔程序)

行号	程　序	解　释
N1	T5M06	刀具为 ϕ5mm 的钻头
N2	G90G54G00X0Y0S1600 M03	程序初始化
N3	G43Z50 H05	5 号刀具长度补偿
N4	G83 X27.5 Y0 Z－18 R3 Q2 F150	
N5	X－27.5 Y0	
N6	G80	取消固定循环
N7	M30	程序结束并返回程序头

O7;(攻 2×M6mm 螺纹程序)

行号	程　序	解　释
N1	T6M06	刀具为 M6mm 丝锥
N2	G90G54G00X0Y0S260 M03	程序初始化

续表

行号	程　序	解　释
N3	G43Z50 H06	6号刀具长度补偿
N4	G84 X27.5 Y0 Z−18 R5 F260	孔固定循环
N5	X−27.5 Y0	孔位坐标
N6	G80	取消固定循环
N7	M30	程序结束并返回程序头

4.5 加工前准备

1. 机床准备(表4.11)

表4.11 机床准备卡片

	机械部分				电器部分		数控系统部分			辅助部分	
设备检查	主轴部分	进给部分	刀库部分	润滑部分	主电源	冷却风扇	电器元件	控制部分	驱动部分	冷却	润滑
检查情况											
注：经检查后该部分完好，在相应项目下打“√”；若出现问题及时报修。											

2. 工件安装

(1) 精密平口虎钳安装牢固，位置方向要正确。

(2) 工件夹紧力适当，安装牢固。

(3) 工件安装的高度正确，夹具不能与刀具发生干涉。

(4) 工作坐标系设定要正确。

3. 刀具安装及加工参数设置

(1) 铣刀伸出长度尽可能地短，以增加刀具的刚性。

(2) 安装的刀具号要对应好。

(3) 刀具的补偿数值应输入在与程序中该刀具相对应的刀补号中。

4.6 实际零件加工

1. 教师演示

(1) 工件的装夹、找正。

(2) 刀具的准备、镗刀的调整，螺纹铣刀、快换丝锥的对刀方法。

(3) 使用内测千分尺及螺纹塞规测量螺纹孔精度。

2. 学生加工训练

训练中,指导教师巡回指导,及时纠正不正确的操作姿势、解决学生练习中出现的各种问题。

4.7 零件测量

教学策略:讲授法、提问法。

在使用内测千分尺测量镗削孔径尺寸时采用讲授的方法将孔的基本尺寸、上下偏差值再次提出,以便加深学生的印象;在使用螺纹塞规测量螺纹孔时将螺纹的基本尺寸、计算及查机械手册的方法再次提出,以便加深学生的印象;实际测量中可以设计一些提问环节如:"如何保证内测千分尺测量的精确度?螺纹塞规的使用方法?"将学生的学习焦点及时引入。

4.7.1 参考检测工艺

1. 检测镗孔的尺寸$\phi 30^{+0.02}_{0}$mm,检查表面粗糙度$Ra0.8$

用一级精度的内测百分表沿孔的轴线方向,测量该尺寸3个部分的孔径,对每个位置要各测一次,根据测量结果和被测孔的公差要求判断被测是否合格。

检查表面粗糙度,用表面粗糙度比较样本进行比较验定。

2. 检测M32×2螺纹

用M32×2mm螺纹塞规检验,塞规通端可正常旋入,止端旋入深度小于被测深度的1/3为合格。

3. 检测M6mm螺纹孔

用M6螺纹塞规检验,塞规通端可正常旋入,止端旋入深度小于被测深度的1/3为合格。

4.7.2 检测并填写记录表

教学策略:小组互检、个人验证、教师抽验。

首先以小组为单位进行互检,由检测同学按评分表给出一个互检成绩;然后个人对自己加工的工件进行自检并与互检成绩、检测结果进行比较,从中发现问题尺寸并找出检测出现不同结果的原因,更正出现失误的环节;最后由教师对学生的零件进行抽样检测,并针对出现的问题集中解释出现测量误差的原因及提出改进的方法。

4.8 加工误差分析及后续处理

1. 教学策略:学生反馈、讲授法、提问法

针对学生出现加工误差并及时反馈的情况,教师进行集中汇总,针对出现的较多情况采用讲授的方法来指导学生了解出现的原因；对于出现概率不大或没有出现的情况，教师采用提问的方法引导学生自主分析加工误差产生的原因。

2. 加工误差分析

在加工中心上进行镗孔加工、螺纹铣削加工时经常遇到的加工误差有多种，其问题现象、产生的原因、预防和消除的措施见表 4.12。

表 4.12 镗孔和螺纹铣削加工误差及后续处理

问题现象	产生原因	预防和消除
切削过程出现振动	1. 工件装夹不正确 2. 刀具安装不正确 3. 切削参数不正确 4. 刀具磨损、刃口不锋利	1. 检查工件安装，增加安装刚性 2. 调整刀具安装位置 3. 提高或降低切削速度 4. 更换刀具或刃磨刀具
螺纹牙顶呈刀口状	1. 刀具角度选择错误 2. 螺纹切削过深	1. 选择正确的刀具 2. 减小螺纹切削深度
螺纹牙型底部圆弧过大	1. 刀具选择错误 2. 刀具磨损严重	1. 选择正确的刀具 2. 重新刃磨或更换刀片
表面质量差	1. 切削速度不当 2. 切屑控制较差 3. 刀尖产生积屑瘤 4. 切削液选用不合理	1. 调整主轴转速 2. 调整刀具中心高度 3. 选择合理的刀具前角 4. 选择合适的切削液并充分喷注
螺距误差	1. 伺服系统滞后效应 2. 加工程序不正确	1. 增加螺纹切削升、降速段的长度 2. 检查、修改加工程序

4.9 课题小结

1. 教学策略：小组汇报、教师总结

通过小组汇报的方式，教师可以以小组为单位了解各组的工件完成情况及存在的问题，并有针对性地提出下一步的教学方案，对操作较好的学生提出改进意见，对技能情况掌握不理想的学生提出提高方案。

教师以本课题中提出的学习目标总结学生实际掌握的情况及存在的问题，为下一阶段的学习打下基础。

2. 课题考核

(1) 考核方式：日常考核。

(2) 考核要求：首先以课题提出的评分标准为一定的考核依据，同时配合学生实际操作中的不同阶段予以分别考核，如学生的操作规范、工件加工、零件检测等环节。

4.10　综合评价

1. 自我评价(表 4.13)

表 4.13　自我评价表

<table>
<tr><td colspan="2">课题名称</td><td></td><td>课时</td><td colspan="4"></td></tr>
<tr><td colspan="2">课题自我评价成绩</td><td></td><td>任课
教师</td><td colspan="4"></td></tr>
<tr><td>类别</td><td>序号</td><td>自我评价项目</td><td>结果</td><td>A</td><td>B</td><td>C</td><td>D</td></tr>
<tr><td rowspan="4">编程</td><td>1</td><td>程序是否能顺利完成加工</td><td></td><td></td><td></td><td></td><td></td></tr>
<tr><td>2</td><td>程序是否满足零件的工艺要求</td><td></td><td></td><td></td><td></td><td></td></tr>
<tr><td>3</td><td>编程的格式及关键指令是否能正确使用</td><td></td><td></td><td></td><td></td><td></td></tr>
<tr><td>4</td><td colspan="2">题目：你设计本程序的主要思路是什么？
作答：</td><td></td><td></td><td></td><td></td></tr>
<tr><td rowspan="4">工件
刀具
安装</td><td>1</td><td>刀具安装是否正确</td><td></td><td></td><td></td><td></td><td></td></tr>
<tr><td>2</td><td>工件安装是否正确</td><td></td><td></td><td></td><td></td><td></td></tr>
<tr><td>3</td><td colspan="2">题目：安装刀具时需要注意的事项主要有哪些？
作答：</td><td></td><td></td><td></td><td></td></tr>
<tr><td>4</td><td colspan="2">题目：安装工件时需要注意的事项主要有哪些？
作答：</td><td></td><td></td><td></td><td></td></tr>
<tr><td rowspan="5">操作
与
加工</td><td>1</td><td>操作是否规范</td><td></td><td></td><td></td><td></td><td></td></tr>
<tr><td>2</td><td>着装是否规范</td><td></td><td></td><td></td><td></td><td></td></tr>
<tr><td>3</td><td>切削用量是否符合加工要求</td><td></td><td></td><td></td><td></td><td></td></tr>
<tr><td>4</td><td colspan="2">题目：加工时需要注意的事项主要有哪些？
作答：</td><td></td><td></td><td></td><td></td></tr>
<tr><td>5</td><td colspan="2">题目：加工时经常出现的加工误差主要有哪些？
作答：</td><td></td><td></td><td></td><td></td></tr>
</table>

续表

类别	序号	自我评价项目	结果	A	B	C	D
精度检测	1	题目：是否了解本零件测量需要的各种量具的原理及使用？ 作答：					
	2	题目：本零件精度检测的主要内容是什么？采用了何种方法？ 作答：					
	3	题目：批量生产时，你将如何检测该零件的各项精度要求？ 作答：					
（本部分综合成绩）合计：							
自我总结							
学生签字： 年 月 日			指导教师签字： 年 月 日				

2. 小组互评(表 4.14)

表 4.14 小组互评表

序号	小组评价项目	评价情况
1	是否尊重他人	
2	是否服从教师的教学安排和管理	
3	学习态度是否积极主动	
4	着装是否符合标准	
5	是否按照安全规范操作	
6	是否能正确地领会他人提出的学习问题	
7	是否合理规范地使用工具和量具	
8	是否能保持学习环境的干净整洁	
9	能否辨别工作环境中哪些是危险的因素	
10	团队学习中主动与合作的情况如何	

参与评价同学签名：

年 月 日

3. 教师评价

教师总体评价：

教师签字：____________

年　　月　　日

模块 5

柱面铣削训练

学习目的

（1）能够合理安排零件加工工艺；
（2）掌握 G17、G18、G19 平面的定义方法；
（3）掌握在不同的平面 G02、G03 的判断方法；
（4）能够根据图纸内容编制出合理的加工程序。

学习要求

（1）正确编写加工程序；
（2）正确规范操作机床加工零件，尺寸符合图纸要求；
（3）掌握柱面的加工方法和技巧；
（4）养成良好的职业习惯。

学习重点和难点

（1）学习在 G18、G19 平面上正确选择圆弧指令，编制加工程序；
（2）学习柱面的加工方法。

教学策略

课堂讲授＋现场演练，讲授法、演练法、互动法。

通过讲授法进行讲解 G17、G18、G19 平面的定义，在讲解过程中给出图示，通过图示引导学生对 G17、G18、G19 平面的定义方法进行讨论，随后教师给出部分问题供学生思考并完成，根据学生对问题的完成情况教师进行点评和总结。

教师课前准备

1. 教学用具

授课计划、纸质及电子教案、课件、黑板、粉笔、多媒体设备、实物样件等。

2. 教学管理物品

实训过程记录表、实训成绩评价标准、实训报告评分标准、实训室使用记录表、仪器设备维护保养卡等。

3. 检查实训设备

开机前检查机床外观各部位是否存在异常，如防护罩、脚踏板等部位；检查机床润滑油液及冷却液是否充足；检查电、气是否达到开机要求，检查主轴、工作台、夹具上是否有异物；检查机床面板各旋钮状态；开机后检查机床是否存在报警并完成返回机床参考点操作，操作环境温度较低时，必须进行暖机 3～5min。

4. 训练用具(表 5.1)

表 5.1 训练用具清单

序号	类别	名　称	规　格	数量	备注
1	材料	LY12	75mm×75mm×28mm	1 件	
2	刀具	高速钢立铣刀	ϕ12mm	1 支	
		高速钢球头铣刀	ϕ8R4mm	1 支	
3	夹具	精密平口虎钳	0～300mm	1 台	
4	量具	游标卡尺	0～150mm	1 把	
		千分尺	0～25mm、25～50mm	各 1 把	
		深度千分尺	0～25mm	1 把	
5	工具	铣夹头		2 个	
		弹簧夹套	ϕ12mm、ϕ8mm	各 1 个	与刀具配套
		平行垫铁		1 副	
		油石		1 块	

学生课前准备

(1) 理论知识点准备：掌握数控编程基本指令的含义，掌握数控加工工艺编制方法，了解切削刀具的选用原则，常用量具的使用方法。

(2) 技能知识点准备：能够独立操作加工中心机床完成零件的加工。

(3) 教材及学习用具准备：本教材、学习笔记、笔、计算器。

(4) 衣着准备：工作服、工作帽、工作鞋。

本模块学习过程如图 3.1 所示。

学习导入

由检查、提问旧知识导入：通过案例及实物展示的方式引导学生提问，激发学生回忆已经学过的相关知识并回答引入问题。

5.1 图样与评分标准

图样见图 5.1，对应的评分标准见表 5.2。

表 5.2 柱面训练检测项目及评分表(配分 100 分) 实得分________

序号	考核项目	考核内容及精度要求	配分	评分标准	检测结果	得分
1	轮廓尺寸	$48_{-0.03}^{0}$	10	超差不得分		
2		$45_{-0.03}^{0}$	10	超差不得分		
3		$28_{-0.04}^{0}$	10	超差不得分		
4		$12_{-0.04}^{0}$	10	超差不得分		
5		$R6\pm0.04$ 柱面	15	超差不得分		
6		$R15$ 柱面	15	超差不得分		
7		12 ± 0.05	5	超差不得分		
8		28 ± 0.1	5	超差不得分		
9		25	5	超差不得分		
10		$1\times45°$(4 处)	5	超差不得分		
11	表面粗糙度	$Ra3.2$	10	超差一处扣 2 分		

全部 3.2
1×45°
6
$12^{\ 0}_{-0.04}$
28±0.1
$28^{\ 0}_{-0.04}$
$45^{\ 0}_{-0.03}$
16
$48^{\ 0}_{-0.03}$
R15
12±0.05
8
25
R4
R4
7
R6±0.04
技术要求
1. 锐边倒钝；
2. 未注尺寸允差为±0.1mm。
制图
校核
柱面加工训练
比例
1:1
材料
LY12
加工中心高级技能训练图(5)

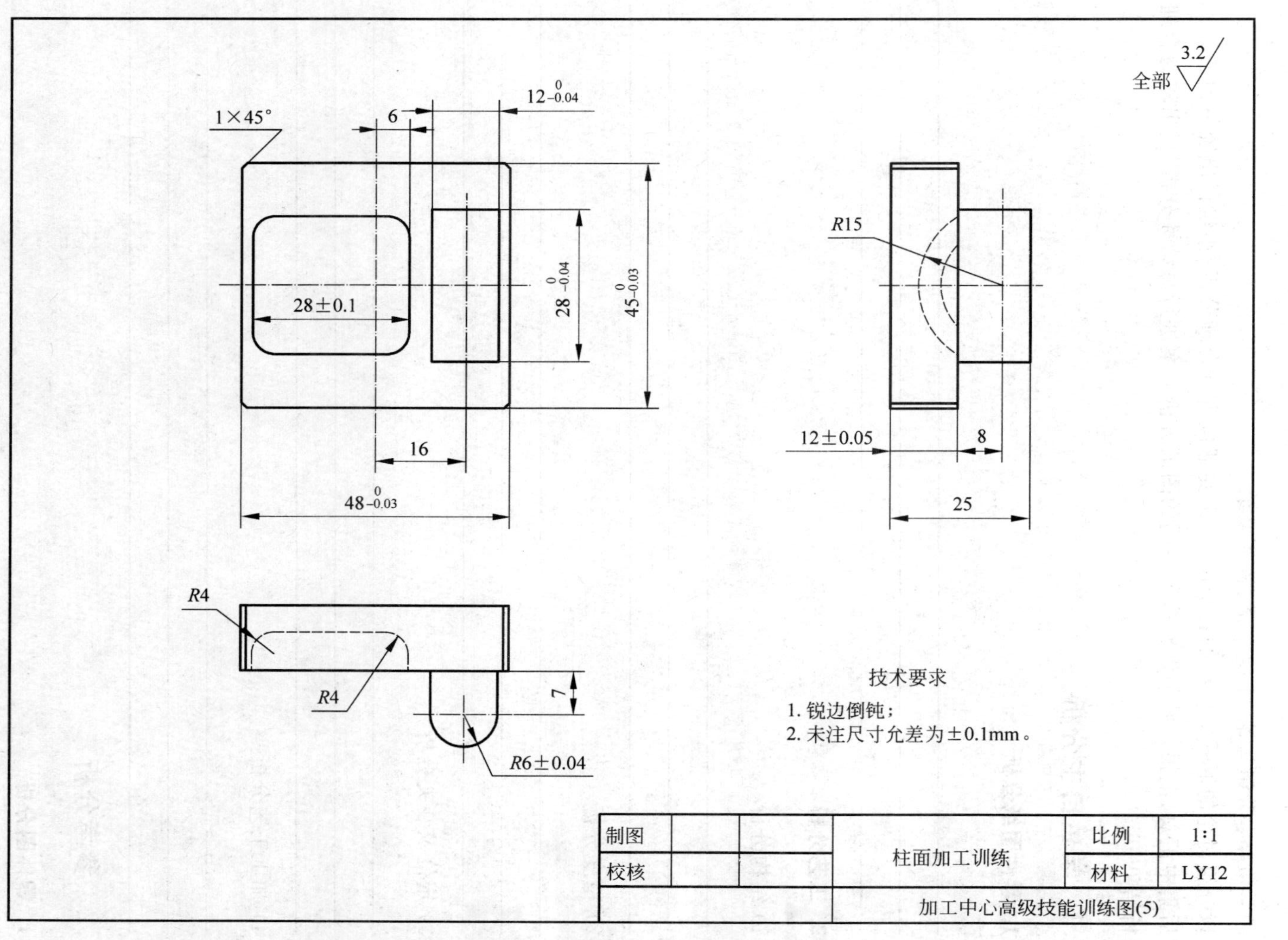

图 5.1 柱面加工训练图

5.2 图纸分析

教学策略：分组讨论、小组汇报、教师总结。

以分组讨论的形式对图纸的各个尺寸、重要部位进行合理分析，小组得出统一图纸分析方案后集中汇总、汇报。教师针对多种不同的图纸分析方案进行总结性分析，提出较为合理的分析结果。

5.2.1 学生自主分析

1. 零件图纸分析

____

____

____

2. 工艺分析

1）结构分析

____

____

____

2）精度分析

____

____

____

3）定位及装夹分析

____

____

____

4）加工工艺分析

____

____

____

5.2.2 参考分析

1. 零件图分析

该零件结构简单，在 $48_{-0.03}^{0}$ mm×$45_{-0.03}^{0}$ mm×(12±0.05)mm 的方板中心靠右 16mm 处有一个 $28_{-0.04}^{0}$ mm×$12_{-0.04}^{0}$ mm 长方形凸台，顶面是 R(6±0.04)mm 柱面；左边有一个宽(28±0.1)mm，半径为 R15mm 的凹形柱面。

2. 工艺分析

(1) 毛坯选择：依据图纸，材料选择硬铝，基座毛坯尺寸 50mm×50mm×28mm，见图 5.2。

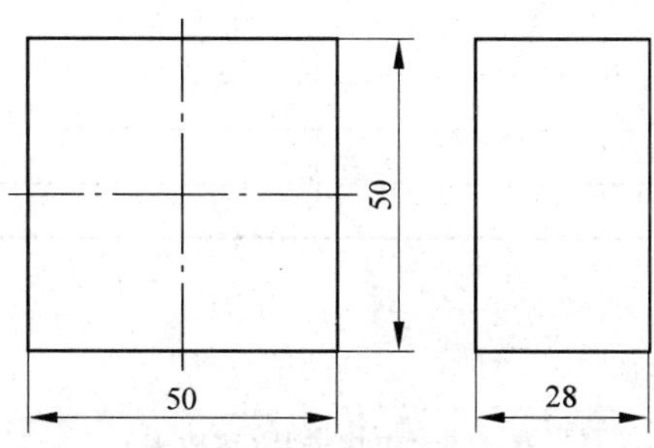

图 5.2　毛坯图

(2) 精度分析：零件基础部分 $48_{-0.03}^{0}$ mm×$45_{-0.03}^{0}$ mm×(12±0.05)mm 的方板，尺寸精度高；$28_{-0.04}^{0}$ mm×$12_{-0.04}^{0}$ mm 长方形凸台顶面 R(6±0.04)mm 的柱面和宽(28±0.1)mm 半径为 R15mm 的凹形柱面，精度要求较高，表面为曲面，不能像平面加工那样一刀成形，须用球头铣刀多次铣削来完成，尺寸和表面精度要通过严格控制两刀之间的间距来保证。

(3) 定位及装夹分析：毛坯是方形材料，加工时可采用精密平口虎钳加工合适的垫铁进行装夹即可。工件装夹时的夹紧力要适中，要防止工件在加工时的松动。工件装夹完成后应对工件进行找正，加工坐标系设置在工件上表面中心，见图 4.3。

(4) 加工工艺分析：经图纸分析，首先加工 $48_{-0.03}^{0}$ mm×$45_{-0.03}^{0}$ mm 方，深度须大于(12±0.05)mm，然后翻面二次装夹，找正定位，铣削 $28_{-0.04}^{0}$ mm×$12_{-0.04}^{0}$ mm 长方形凸台，保证(12±0.05)mm 尺寸，接下来加工 R(6±0.04)mm 柱面和 R15mm 的凹形柱面，最后去毛刺。

5.3　工艺规程设计

教学策略：分组讨论、小组汇报、教师总结。

以分组讨论的形式对零件提出整体的加工方案，小组得出统一方案后集中汇总、汇报。教师针对多种不同的加工方案进行分析，并提出较为合理的工艺路线。

5.3.1　学生自主设计

1. 刀具选择(表 5.3)

表 5.3　刀具卡片

刀具名称	刀具规格	材料	数量	刀具用途	备注

2. 切削参数选择(表 5.4)

表 5.4 切削参数卡片

刀具	切削速度 v/(mm/min)	每刃进给量 f/(mm/刃)	主轴转速 S/(r/min)	进给速度 F/(mm/min)	备注

3. 工艺规程安排(表 5.5)

表 5.5 工序卡片(可附表)

<table>
<tr><td colspan="2">单位</td><td colspan="2">产品名称及型号</td><td colspan="2">零件名称</td><td>零件图号</td></tr>
<tr><td colspan="2"></td><td colspan="2"></td><td colspan="2"></td><td></td></tr>
<tr><td>工序号</td><td>程序编号</td><td colspan="2">夹具名称</td><td colspan="2">使用设备</td><td>工件材料</td></tr>
<tr><td></td><td></td><td colspan="2"></td><td colspan="2"></td><td></td></tr>
<tr><td>工步</td><td>工步内容</td><td>刀号</td><td>切削用量</td><td>备注</td><td colspan="2">工序简图</td></tr>
<tr><td></td><td></td><td></td><td></td><td></td><td colspan="2"></td></tr>
<tr><td></td><td></td><td></td><td></td><td></td><td colspan="2"></td></tr>
<tr><td></td><td></td><td></td><td></td><td></td><td colspan="2"></td></tr>
</table>

5.3.2 参考分析

1. 刀具选择

工件材料为硬铝,刀具选择刃口锋利、直线度好、精度高的 ϕ12mm 高速钢立铣刀加工各轮廓尺寸,柱面加工选择刃口锋利、精度高的 ϕ8R4mm 高速钢球头铣刀。选用刀具情况如表 5.6 所示。

表 5.6 刀具卡片

刀具名称	刀具规格	材料	数量	刀具用途	备注
立铣刀	ϕ12mm	高速钢	1	平面加工,轮廓加工	
球头铣刀	ϕ8R4mm	高速钢	1	柱面加工	

2. 切削参数选择

根据加工对象的材质,刀具的材质和规格,从金属切削参数书籍中查找刀具线速度、单刃切削量,确定选用刀具的转速、进给速度,参考切削参数如表 5.7 所示。

表 5.7 切削参数卡片

刀具	切削速度 v/(mm/min)	每刃进给量 f/(mm/刃)	主轴转速 S/(r/min)	进给速度 F/(mm/min)	备注
ϕ12mm 立铣刀	50	0.04	1300	210	粗加工
	80	0.035	2100	300	精加工
ϕ8R4 球头铣刀	50	0.08	2000	320	粗加工
	75	0.06	3000	360	精加工

3. 切削深度 a_p

切削深度在粗加工时主要受机床和刀具刚度的限制，一般情况下，径向切削量较大时切削深度取 0.5 倍 $D_刀$，否则切削深度可较大一些。

该零件材料为合金铝，根据零件结构特征，选用 ϕ12mm 立铣刀加工 $48_{-0.03}^{\ 0}$ mm×$45_{-0.03}^{\ 0}$ mm 方，深度 16mm，因径向加工量较小，不须分层加工；加工 $28_{-0.04}^{\ 0}$ mm×$12_{-0.04}^{\ 0}$ mm 长方形凸台时，加工量较大，轮廓深度最大加工深度为 13mm，粗加工时须分层加工。

4. 工艺规程安排

根据零件工艺分析，加工工艺安排如表 5.8 所示。

表 5.8 柱面训练加工工序卡片

单位		产品名称及型号		零件名称	零件图号
				柱面加工训练	
工序	程序编号	夹具名称		使用设备	工件材料
1		精密平口钳		VMC850	LY12
工步	工步内容	刀号	刀具及切削用量	备注	工序简图
1	铣平面，加工原点设定在工件上表面中心。 注意事项： 1. 选择较小切削量； 2. 排屑及时，冷却充分	T01	ϕ12mm 立铣刀 S=2100r/min F=300mm/min		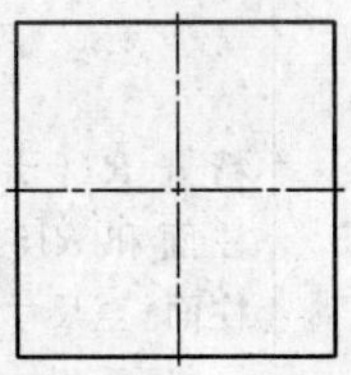
2	粗铣 $48_{-0.03}^{\ 0}$ mm×$45_{-0.03}^{\ 0}$ mm方，深 16mm，留余量 0.2mm	T01	ϕ12mm 立铣刀 S=1300r/min F=210mm/min a_p=16mm		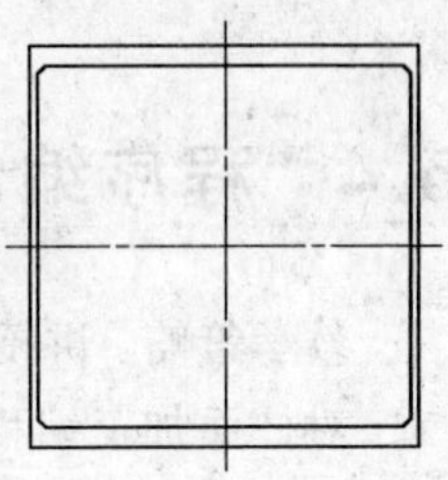
3	精铣 $48_{-0.03}^{\ 0}$ mm×$45_{-0.03}^{\ 0}$ mm 方至尺寸	T01	ϕ12mm 立铣刀 S=2100r/min F=300mm/min a_p=16mm		

续表

工序	程序编号	夹具名称		使用设备	工件材料
2		精密平口钳		VMC850	LY12
工步	工步内容	刀号	刀具及切削用量	备注	工序简图
1	粗铣 $128_{-0.04}^{0}$ mm × $12_{-0.04}^{0}$ mm 长方体，留余量 0.2mm，保证(12±0.05)mm尺寸	T01	ϕ12mm 立铣刀 S=1300r/min F=210mm/min a_p=6.5mm	分层铣削	
2	精铣 $128_{-0.04}^{0}$ mm × $12_{-0.04}^{0}$ mm 长方体至尺寸	T01	ϕ12mm 立铣刀 S=2100r/min F=300mm/min a_p=13mm		
3	粗铣 R(6±0.04)mm 柱面留余 0.2mm	T02	ϕ8R4mm 球头铣刀 S=2000r/min F=320mm/min		
4	粗铣 R15 的凹形柱面，留余量 0.2mm	T02	ϕ8R4mm 球头铣刀 S=2000r/min F=320mm/min		
5	精铣 R(6±0.04)mm 柱面和 R15 的凹形圆柱面，至尺寸	T02	ϕ8R4mm 球头铣刀 S=3000r/min F=360mm/min		

5.4 程序编制

教学策略：讲授法、提问法、反馈强化。

对柱面加工编程进行详细的讲解，包括平面指令的选择和圆弧指令判断，加工轨迹的设计，曲面加工切削用量的选择等都要逐一讲解。

5.4.1 参考编程

O1；（铣平面程序）

行号	程 序	解 释
N1	S2100M03	给定主轴转速
N2	G91G01X−70F350	给定 X 的增量坐标以及进给速度
N3	Y10	给定 Y 的增量坐标
N4	X70	
N5	Y10	
N6	M99	返回主程序

O2；（铣 $48_{-0.03}^{\ 0}$mm×$45_{-0.03}^{\ 0}$mm 方，深度为 16mm 程序）

行号	程 序	解 释
N1	G90G54G00X0Y0 S1300M03	定位起始点
N2	G43H1Z100	调用 1 号刀具，定位起始高度
N3	Z5M08	
N4	G41D1X24Y35	建立刀具半径补偿
N5	G01Z−16F210	
N6	Y−22.5，C1	
N7	X−24，C1	
N8	Y22.5，C1	
N9	X23	
N10	X25Y20.5	
N11	G00Z100	
N12	G40X0Y0	取消半径补偿
N13	M30	程序停止并返回程序头

O3；（铣 $28_{-0.04}^{\ 0}$mm×$12_{-0.04}^{\ 0}$mm 长方形凸台程序）

行号	程 序	解 释
N1	G90G54G00X0Y0 S1300M03	定位起始点
N2	G43H1Z100	调用 1 号刀具，定位起始高度
N3	Z5M08	
N4	G41D1X35Y−14	建立刀具半径补偿
N5	G01Z−13 F210	第一层深度为 $Z-6.5$mm
N6	X10	
N7	Y14	
N8	X22	
N9	Y−15	
N10	G00Z100	
N11	G40X0Y0	
N12	M30	程序停止并返回程序头

O4；（铣 $R(6\pm0.04)$mm 柱面程序）

行号	主 程 序	解 释
N1	G90G54G00X26Y15 S2000M3	定位起始点
N2	G43H2Z100	调用 2 号球刀，定位起始高度

续表

行号	主　程　序	解　　释
N3	Z5M08	快速降到安全高度
N4	G01Z－10F200	
N5	M98P100L60F320	调用子程序60次
N6	G17G90G00Z100	
N7	M30	程序停止并返回程序头

O100;(子程序)

行号	子　程　序	解　　释
N1	G18G90G02X6R10	选择G18平面加工
N2	G91G01Y－0.25	
N3	G90G03X26R10	
N4	G91G01Y－0.25	
N5	M99	返回主程序

O5;(铣 *R*15mm的凹形柱面程序)

N1	G90G54G00X－18Y11S2000M3	定位起始点
N2	G43H2Z100	调用2号球刀,定位起始高度
N3	Z5M08	快速降到安全高度
N4	G01Z－9F200	
N5	M98P200L40F320	调用子程序40次
N6	G17G90G00Z100	
N7	M30	程序停止并返回程序头

O200;(子程序)

行号	子　程　序	解　　释
N1	G19G90G03Y11R11	选择在G19平面加工
N2	G91G01X0.25	
N3	G90G02Y－11R11	
N4	G91G01X0.25	
N5	M99	结束调用子程序

5.4.2 学生自主编程

学生独立完成程序编辑,选择相应的加工方式并设置切削参数,填写表5.9加工程序清单。

表5.9 加工程序清单

序号	程序号	刀具	刀具号	刀具长度补偿号	备注

5.5 加工前准备

1. 机床准备(表 5.10)

表 5.10 机床准备卡片

	机械部分				电器部分		数控系统部分			辅助部分	
设备检查	主轴部分	进给部分	刀架部分	润滑部分	主电源	冷却风扇	电器元件	控制部分	驱动部分	冷却	润滑
检查情况											

注：经检查后该部分完好，在相应项目下打“√”；若出现问题及时报修。

2. 工件安装

(1) 精密平口虎钳安装牢固，位置方向要正确。
(2) 工件夹紧力适当，安装牢固。
(3) 工件安装的高度正确，夹具不能与刀具发生干涉。
(4) 工作坐标系设定要正确。

3. 刀具安装及加工参数设置

(1) 铣刀伸出长度尽可能地短，以增加刀具的刚性。
(2) 安装的刀具号要对应好。
(3) 刀具的补偿数值应输入在与程序中该刀具相对应的刀补号中。

5.6 实际零件加工

1. 教师演示

(1) 工件的装夹、找正及坐标系设置。
(2) 刀具的准备、安装及参数设置。
(3) 加工程序的编制和程序输入。
(4) 加工过程中的切削用量的调整。

2. 学生加工训练

训练过程中，指导教师巡回指导，及时纠正不正确的操作姿势、解决学生练习中出现的各种问题。

5.7 零件测量

教学策略：讲授法、互动法。

零件的加工质量的高低，取决于加工尺寸与零件图纸的符合度，取决于零件尺寸测量的准确度。在对加工零件测量时采用讲授法将量具的选择、校正及测量的方法再次提出，以便加深学生的印象；实际测量中可以采用同组学生互测、教师抽测的方法，检测零件的加工质量，积累测量经验，提高学生的质量意识。

5.7.1 参考检测工艺

1. 检测 $48_{-0.03}^{0}$mm、$45_{-0.03}^{0}$mm 和 $28_{-0.04}^{0}$mm 尺寸

用 0.01 精度的 25～50mm 外径千分尺测量该尺寸 3 个不同位置，根据测量结果和被测尺寸的公差要求判断是否合格。

2. 检测(12±0.05)mm 和 $12_{-0.04}^{0}$mm 尺寸

用 0.01 精度的 0～25mm 外径千分尺测量该尺寸 3 个不同位置，根据测量结果和被测尺寸的公差要求判断是否合格。

3. 检测(28±0.1)mm 和 25mm 尺寸

用 0.02 精度的游标卡尺测量该尺寸，根据测量结果和被测尺寸的公差要求判断是否合格。

4. 检测 *R*(6±0.04)mm 柱面和 *R*15mm 的凹形柱面尺寸

用相应规格的 R 规检验，在柱面 3 个不同位置，检测柱面与 R 规的符合度判断是否合格。

5. 检测表面粗糙度 *Ra*3.2mm

用表面粗糙度比较样木进行比较，验定表面粗糙度。

5.7.2 检测并填写记录表

教学策略：小组互检、个人验证、教师抽验。

首先以小组为单位进行互检，由检测同学按评分表给出一个互检成绩；然后个人对自己加工的工件进行自检并与互检成绩、检测结果进行比较，从中发现问题尺寸并找出检测出现不同结果的原因，更正出现失误的环节；最后由教师对学生的零件进行抽样检测，并针对出现的问题集中解释出现测量误差的原因及提出改进的方法。

5.8 加工误差分析及后续处理

1. 教学策略：学生反馈、讲授法、提问法

针对学生出现加工误差并及时反馈的情况，教师进行集中汇总，针对出现的较多情况采用讲授的方法来指导学生了解出现的原因；对于出现概率不大或没有出现的情况，教师采用提问的方法引导学生自主分析加工误差产生的原因。

2. 加工误差分析

加工中心机床上进行铣削加工过程中产生误差的原因是多方面的，经常遇到的加工误差有多种，其问题现象、产生的原因、预防和消除的措施见表 5.11。

表 5.11 加工误差分析及后续处理

问题现象	产生原因	预防和消除
尺寸超差	1. 刀具数据不准确 2. 切削用量选择不当产生让刀 3. 程序错误	1. 调整或重新设定刀具数据 2. 合理选择切削用量 3. 检查、修改加工程序
表面有振纹	1. 工件装夹不正确 2. 刀具安装不正确 3. 切削参数不正确	1. 检查工件安装，增加安装刚性 2. 调理刀具安装位置 3. 提高或降低切削速度
切削过程中刀具折断	1. 进给量过大 2. 切削深度过大 3. 切屑阻塞	1. 降低进给速度 2. 减小切削深度 3. 浇注充足冷却液及时排屑
表面粗糙度差	1. 切削速度过低 2. 切削液选用不合理 3. 刀具切削刃不锋利 4. 两刀之间间距过大	1. 调高主轴转速 2. 选择正确的切削液，并充分喷注 3. 选择刀刃锋利刀具 4. 减小两刀之间间距

5.9 课题小结

1. 教学策略：小组汇报、教师总结

通过小组汇报的方式，教师可以以小组为单位了解各组的工件完成情况及存在的问题，并有针对性地提出下一步的教学方案，对操作较好的学生提出改进意见，对技能情况掌握不理想的学生提出提高方案。

教师以本课题中提出的学习目标总结学生实际掌握的情况及存在的问题，为下一阶段的学习打下基础。

2. 课题考核

(1) 考核方式：日常考核。

(2) 考核要求：首先以课题提出的评分标准为一定的考核依据，同时配合学生实际操作中的不同阶段予以分别考核，如学生的操作规范、工件加工、零件检测等环节。

5.10 综合评价

1. 自我评价(表 5.12)

表 5.12 自我评价表

课题名称			课时				
课题自我评价成绩			任课教师				
类别	序号	自我评价项目	结果	A	B	C	D
编程	1	程序是否能顺利完成加工					
	2	程序是否满足零件的工艺要求					
	3	编程的格式及关键指令是否能正确使用					
	4	题目：你设计本程序的主要思路是什么？ 作答：					
工件刀具安装	1	刀具安装是否正确					
	2	工件安装是否正确					
	3	题目：安装刀具时需要注意的事项主要有哪些？ 作答：					
	4	题目：安装工件时需要注意的事项主要有哪些？ 作答：					
操作与加工	1	操作是否规范					
	2	着装是否规范					
	3	切削用量是否符合加工要求					
	4	题目：加工时需要注意的事项主要有哪些？ 作答：					
	5	题目：加工时经常出现的加工误差主要有哪些？ 作答：					

续表

<table>
<tr><th>类别</th><th>序号</th><th>自我评价项目</th><th>结果</th><th>A</th><th>B</th><th>C</th><th>D</th></tr>
<tr><td rowspan="3">精度检测</td><td>1</td><td colspan="2">题目：是否了解本零件测量需要的各种量具的原理及使用？
作答：</td><td></td><td></td><td></td><td></td></tr>
<tr><td>2</td><td colspan="2">题目：本零件精度检测的主要内容是什么？采用了何种方法？
作答：</td><td></td><td></td><td></td><td></td></tr>
<tr><td>3</td><td colspan="2">题目：批量生产时，你将如何检测该零件的各项精度要求？
作答：</td><td></td><td></td><td></td><td></td></tr>
<tr><td colspan="4">（本部分综合成绩）合计：</td><td colspan="4"></td></tr>
<tr><td colspan="2">自我总结</td><td colspan="6"></td></tr>
<tr><td colspan="3">学生签字：

年　月　日</td><td colspan="5">指导教师签字：

年　月　日</td></tr>
</table>

2. 小组互评(表 5.13)

表 5.13　小组互评表

序号	小组评价项目	评价情况
1	是否尊重他人	
2	是否服从教师的教学安排和管理	
3	学习态度是否积极主动	
4	着装是否符合标准	
5	是否按照安全规范操作	
6	是否能正确地领会他人提出的学习问题	
7	是否合理规范地使用工具和量具	
8	是否能保持学习环境的干净整洁	
9	能否辨别工作环境中哪些是危险的因素	
10	团队学习中主动与合作的情况如何	

参与评价同学签名：

年　月　日

3. **教师评价**

教师总体评价：

教师签字：____________

年　　月　　日

模块 6

宏程序应用训练

学习目的

(1) 掌握宏程序编程基础知识；
(2) 掌握矩形平面的宏编程与加工；
(3) 掌握椭圆曲线的宏编程与加工。

学习要求

(1) 掌握宏程序在实际应用中的特点；
(2) 掌握宏程序常用变量及赋值方法；
(3) 掌握宏程序常用循环语句；
(4) 掌握用宏程序加工矩形平面；
(5) 掌握用宏程序加工椭圆。

学习重点和难点

(1) 学习宏程序常用变量及赋值方法；
(2) 学习宏程序常用循环语句；
(3) 学习编写加工矩形平面宏程序；
(4) 学习编写加工椭圆宏程序。

教学策略

课堂讲授＋现场演练，讲授法、演练法、互动法。

针对矩形平面与椭圆曲线宏程序的特点，工艺分析环节可以首先采用互动的方法使同学们展开讨论，随后教师跟进并进行课堂讲授的方法提出较为合理的工艺路线，对矩形平面、椭圆曲线方程及参数、切削用量的选择也进行课堂讲授；刀具的选用、零件的装夹、找正的方法及零件的检测采用演练法。

教师课前准备

1. 教学用具

授课计划、纸质及电子教案、课件、黑板、粉笔、多媒体设备、实物样件等。

2. 教学管理物品

实训过程记录表、实训成绩评价标准、实训报告评分标准、实训室使用记录表、仪器设备维护保养卡等。

3. 检查实训设备

开机前检查机床外观各部位是否存在异常，如防护罩、脚踏板等部位；检查机床润滑油液是否充足；检查机床面板各旋钮状态；开机后检查机床是否存在报警并完成返回机床参考点操作。

4. 训练用具(表 6.1)

表 6.1 训练用具清单

序号	类别	名称	规格	数量	备注
1	材料	LY12	75mm×75mm×21mm		
2	刀具	高速钢立铣刀	ϕ12mm、ϕ8mm	各 1 支	
		中心钻	ϕ3mm		
		钻头	ϕ7.8mm		
3	夹具	精密平口虎钳	0～300mm	1 套	
4	量具	游标卡尺	1～150mm	1 把	
		千分尺	0～25mm、25～50mm、50～75mm	各 1 把	
		深度千分尺	0～25mm	1 把	
		内测千分尺	5～30mm	1 把	
5	工具	铣夹头		2 个	
		钻夹头		1 个	
		弹簧夹套	ϕ12mm、ϕ8mm	各 1 个	与刀具配套
		平行垫铁		1 副	
		油石		1 块	

学生课前准备

(1) 理论知识点准备：宏程序的用途、特点、分类；能够使用多种方法编制宏程序零件的加工程序。

(2) 技能知识点准备：掌握立铣刀的选用及安装方法，能够独立操作加工中心完成中等难度零件的加工。

(3) 教材及学习用具准备：本教材、学习笔记、笔、计算器。

(4) 衣着准备：工作服、工作帽、工作鞋。

本模块学习过程如图 6.1 所示。

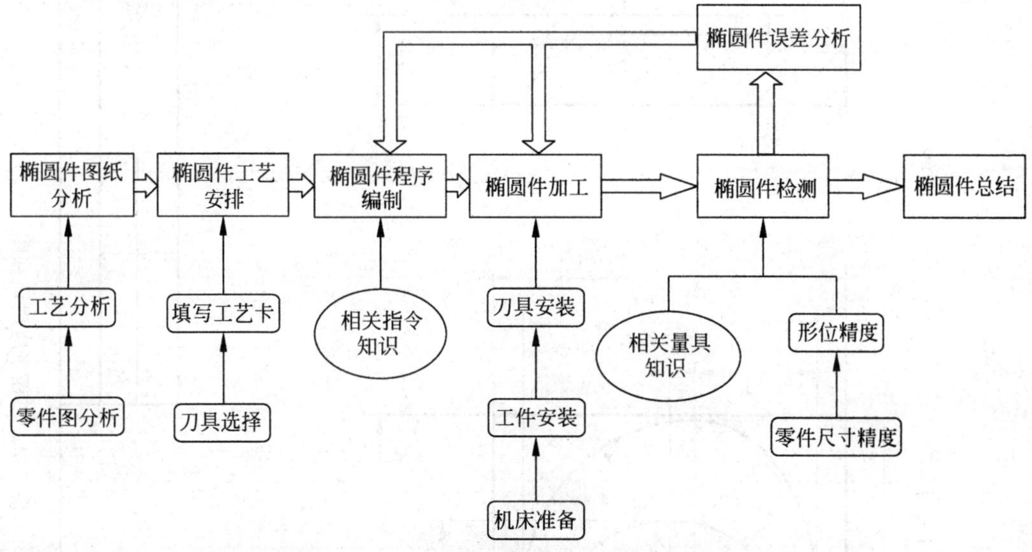

图 6.1　宏程序应用训练学习过程示意图

学习导入

(1) 由检查、提问旧知识导入：通过案例及实物展示的方式引导学生提问，激发学生回忆已经学过的相关知识并回答引入问题。

(2) 由生动的实例导入：通过展示动画的方式引导学生思考教师设置的问题，并给出自己的观点及想法。

6.1　图样与评分标准

图样见图 6.2，对应的评分标准见表 6.2。

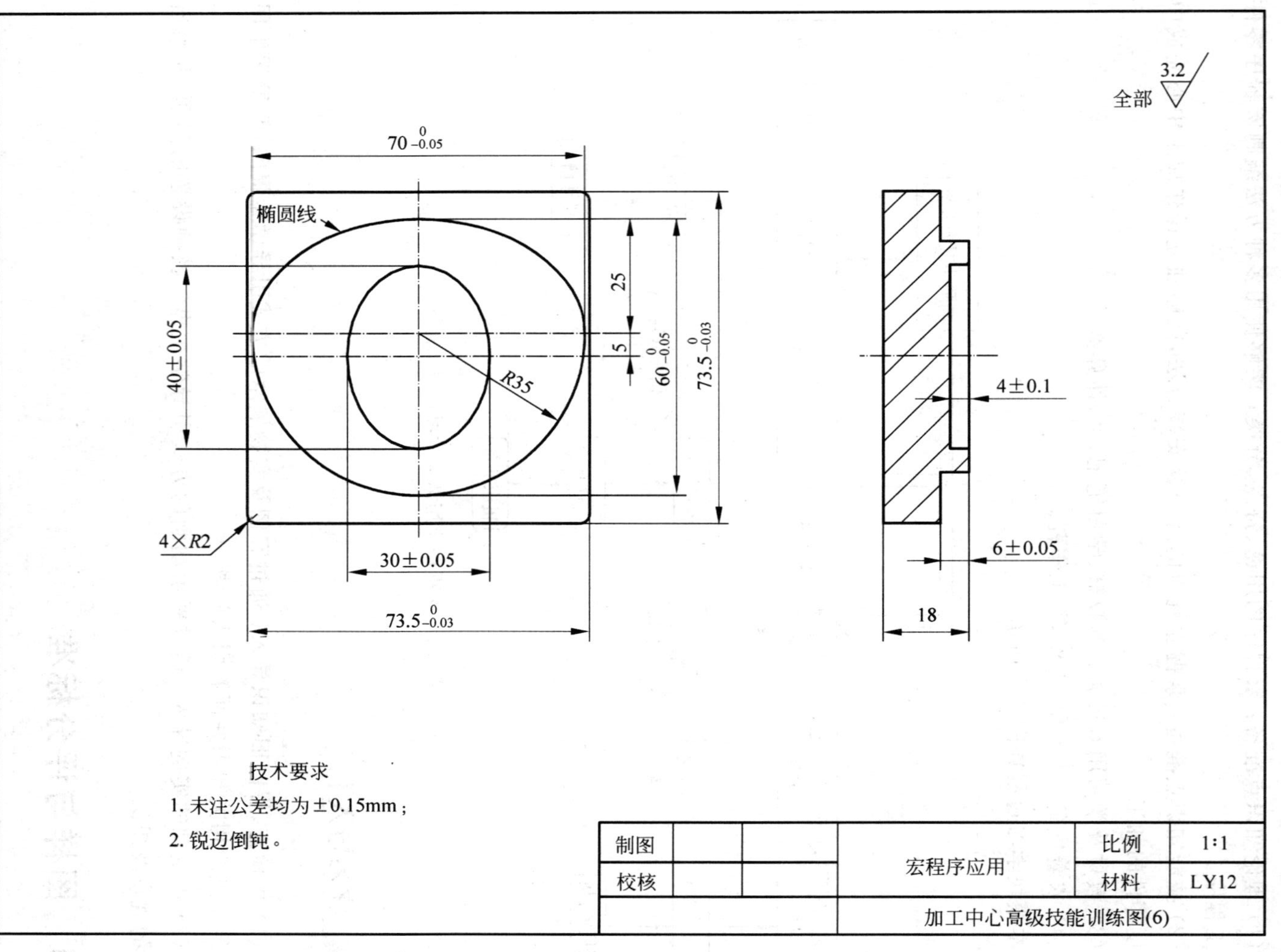

图 6.2 宏程序应用训练图

表 6.2 宏程序应用检测项目及评分表(配分 100 分) 实得分________

序号	考核项目	考核内容及精度要求	配分	评分标准	检测结果	得分
1	轮廓尺寸	$73.5_{-0.03}^{0}$(2 处)	20	超差不得分		
2		$70_{-0.05}^{0}$	10	超差不得分		
3		$60_{-0.05}^{0}$	10	超差不得分		
4		40±0.05	10	超差不得分		
5		30±0.05	10	超差不得分		
6		4±0.1	10	超差不得分		
7		6±0.05	10	超差不得分		
8		18	5	超差不得分		
9		*R*35	5	超差不得分		
10	表面粗糙度	*Ra*3.2	10	超差一处扣 2 分		

6.2 图纸分析

教学策略：分组讨论、小组汇报、教师总结。

以分组讨论的形式对图纸的各个尺寸、重要部位进行合理分析，小组得出统一图纸分析方案后集中汇总、汇报。教师针对多种不同的图纸分析方案进行总结性分析，提出较为合理的分析结果。

6.2.1 学生自主分析

1. 零件图纸分析

____

____

____

2. 工艺分析

1) 精度分析

____

____

____

2) 定位及装夹分析

____

____

____

3) 加工工艺分析

____

____

____

6.2.2 参考分析

1. 零件图分析

该零件关键部分是椭圆轮廓的加工。在 $73.5_{-0.03}^{\ 0}$ mm×$73.5_{-0.03}^{\ 0}$ mm×12mm 的方板上有一个由长轴为 $70_{-0.05}^{\ 0}$ mm，短半轴为 25mm 的一半椭圆线和 R35mm 半圆线构成的高(6±0.05)mm 的凸台，在中心是一个长轴为(40±0.05)mm，短轴为(30±0.05)mm，深(4±0.1)mm 的椭圆槽。加工难点为椭圆曲线的程序编制。

2. 椭圆曲线方程

根据图 6.3 所示零件，椭圆曲线参数方程如式(6.1)所示。

$$\begin{cases} X = a \times \cos(t) \\ Y = b \times \sin(t) \end{cases} \tag{6.1}$$

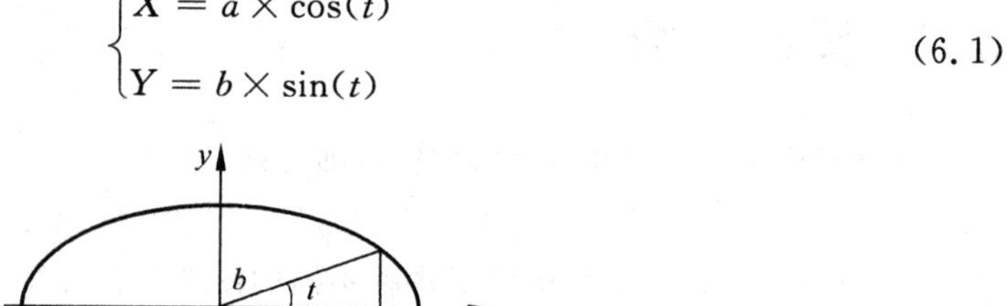

图 6.3 椭圆方程示意图

3. 工艺分析

(1) 毛坯选择：依据图纸，材料选择硬铝，毛坯尺寸 75mm×75mm×20mm，见图 6.4。

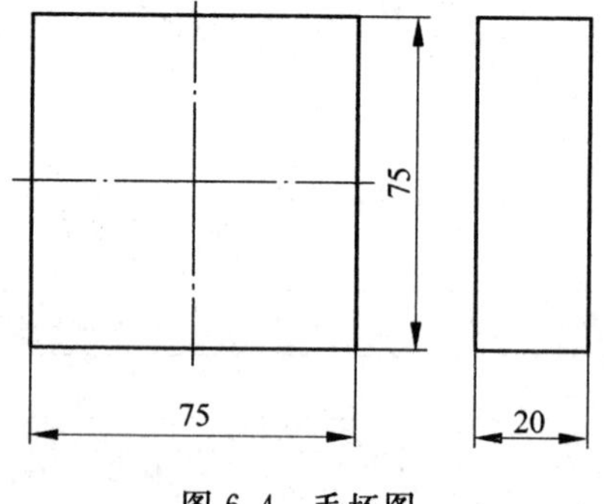

图 6.4 毛坯图

(2) 精度分析：在零件上椭圆凸台及椭圆槽尺寸精度较高，椭圆凸台公差为 0 至 −0.03mm，椭圆槽公差为 0.05mm 至 −0.05mm，表面粗糙度要求 Ra3.2。椭圆线是采取近似加工的方法，是将椭圆曲线打断成若干直线，刀具沿着若干直线走刀，形成椭圆线轮廓，而椭圆轮廓的尺寸加工精度和表面粗糙度高低主要是由将椭圆曲线打断成若干直线的长度决定，因此在加工时应重点考虑椭圆轮廓的加工步距。

(3) 定位及装夹分析：毛坯是方形材料，加工时可采用精密平口虎钳加工合适的垫铁进行装夹即可。工件装夹时的夹紧力要适中，要防止工件在加工时的松动，翻面装夹时，要防止夹伤已加工表面。工件装夹完成后应对工件进行找正，加工坐标系设置在工件上表面中心，见图 4.3。

(4) 加工工艺分析：首先铣削上表面，铣 $73.5_{-0.03}^{\ 0}$mm×$73.5_{-0.03}^{\ 0}$mm 方，深 13mm 即可；接下来翻面铣削平面，保证 18mm 尺寸，铣削由长轴为 $70_{-0.05}^{\ 0}$mm，短半轴为 25mm 的一半椭圆线和 R35mm 半圆线构成的高(6±0.05)mm 的凸台；铣削长轴为(40±0.05)mm，短轴为(30±0.05)mm，深(4±0.1)mm 的椭圆槽，最后去毛刺。

6.3 工艺规程设计

教学策略：分组讨论、小组汇报、教师总结。

以分组讨论的形式对零件提出整体的加工方案，小组得出统一方案后集中汇总、汇报。教师针对多种不同的加工方案进行分析，并提出较为合理的工艺路线。

6.3.1 学生自主设计

1. 刀具选择(表 6.3)

表 6.3 刀具卡片

刀具名称	刀具规格	材料	数量	刀具用途	备注

2. 切削参数选择(表 6.4)

表 6.4 切削参数卡片

刀具	切削速度 v/(mm/min)	每刃进给量 f/(mm/刃)	主轴转速 S/(r/min)	进给速度 F/(mm/min)	备注

3. 工艺规程安排(表 6.5)

表 6.5 工序卡片(可附表)

<table>
<tr><td colspan="2">单位</td><td colspan="2">产品名称及型号</td><td colspan="2">零件名称</td><td>零件图号</td></tr>
<tr><td colspan="2"></td><td colspan="2"></td><td colspan="2"></td><td></td></tr>
<tr><td>工序号</td><td>程序编号</td><td colspan="2">夹具名称</td><td colspan="2">使用设备</td><td>工件材料</td></tr>
<tr><td></td><td></td><td colspan="2"></td><td colspan="2"></td><td></td></tr>
<tr><td>工步</td><td>工步内容</td><td>刀号</td><td>切削用量</td><td>备注</td><td colspan="2">工序简图</td></tr>
<tr><td></td><td></td><td></td><td></td><td></td><td colspan="2"></td></tr>
<tr><td></td><td></td><td></td><td></td><td></td><td colspan="2"></td></tr>
<tr><td></td><td></td><td></td><td></td><td></td><td colspan="2"></td></tr>
</table>

6.3.2 参考分析

1. 刀具选择

工件材料为硬铝,刀具选择刃口锋利、直线度好、精度高的 ϕ12mm 高速钢立铣刀加工各轮廓尺寸,选用刀具情况见表 6.6 所示。

表 6.6 刀具卡片

刀具名称	刀具规格	材料	数量	刀具用途	备注
立铣刀	ϕ12mm	高速钢	1	平面加工,各轮廓加工	

2. 切削参数选择

根据加工对象的材质,刀具的材质和规格,从金属切削参数书籍中查找刀具线速度、单刃切削量,确定选用刀具的转速、进给速度,参考切削参数如表 6.7。

表 6.7 切削参数卡片

刀具	切削速度 v/(mm/min)	每刃进给量 f/(mm/刃)	主轴转速 S/(r/min)	进给速度 F/(mm/min)	备注
ϕ12mm 立铣刀	50	0.04	1300	210	粗加工
	80	0.035	2100	300	精加工

3. 切削深度 a_p

切削深度在粗加工时主要受机床和刀具刚度的限制,一般情况下,径向切削量较大时切削深度取 0.5 倍 $D_{刀}$,否则切削深度可较大一些。

该零件材料为合金铝，根据零件结构特征，选用 $\phi12$mm 立铣刀加工 $73.5_{-0.03}^{\ 0}$ mm×$73.5_{-0.03}^{\ 0}$ mm 方，深度 13mm，因径向加工量较小，不须分层加工；凸台高度为(6±0.05)mm，椭圆槽深(4±0.1)mm，加工量不大，加工时按图纸尺寸加工即可，不须分层加工。

4. 工艺规程安排

从零件加工工艺分析，安排零件加工工艺如表 6.8 所示。

表 6.8　零件工序卡片

单位		产品名称及型号		零件名称	零件图号
				宏程序应用	
工序	程序编号	夹具名称		使用设备	工件材料
1		精密平口钳		VMC850	LY12
工步	工步内容	刀号	刀具及切削用量	备注	工序简图
1	铣平面，将工件坐标系原点设定在上表面中心。 注意事项： 1. 选择较小切削量； 2. 排屑及时，冷却充分	T01	$\phi12$mm 立铣刀 S=2100r/min F=300mm/min		
2	粗铣 $73.5_{-0.03}^{\ 0}$ mm×$73.5_{-0.03}^{\ 0}$ mm 方，深 13mm，留余量 0.2mm	T01	$\phi12$mm 立铣刀 S=1300r/min F=210mm/min a_p=13mm		
3	精铣 $73.5_{-0.03}^{\ 0}$ mm×$73.5_{-0.03}^{\ 0}$ mm 方至尺寸	T01	$\phi12$mm 立铣刀 S=2100r/min F=300mm/min a_p=13mm		
工序	程序编号	夹具名称		使用设备	工件材料
2		精密平口钳		VMC850	LY12
工步	工步内容	刀号	刀具及切削用量	备注	工序简图
1	翻面铣平面，将工件坐标系原点设定在上表面中心	T01	$\phi12$mm 立铣刀 S=1300r/min F=260mm/min		
2	粗铣由长轴 $70_{-0.05}^{\ 0}$ mm 短半轴 25mm 的一半椭圆线和 $R35$mm 半圆线构成的高(6±0.05)mm 的凸台，留余量 0.2mm	T01	$\phi12$mm 立铣刀 S=1300r/min F=210mm/min a_p=5.8mm	椭圆中心坐标点(X0，Y5)	

续表

工步	工步内容	刀号	刀具及切削用量	备注	工序简图
3	精铣长轴为(40±0.05)mm,短轴为(30±0.05)mm,深(4±0.1)mm的椭圆槽至尺寸	T01	ϕ12mm 立铣刀 S=1300r/min F=210mm/min a_p=3.8mm		
4	粗铣由长轴 $70_{-0.05}^{0}$ mm 短半轴 25mm 的一半椭圆线和 R35mm 半圆线构成的高(6±0.05)mm的凸台,留余量 0.2mm	T01	ϕ12mm 立铣刀 S=2100r/min F=300mm/min a_p=6mm		
5	精铣长轴为(40±0.05)mm,短轴为(30±0.05)mm,深(4±0.1)mm的椭圆槽至尺寸	T01	ϕ12mm 立铣刀 S=2100r/min F=300mm/min a_p=4mm		

6.4 程序编制

教学策略:讲授法、提问法、反馈强化。

对宏程序加工指令进行细致的讲解,针对平面铣削宏程序、椭圆曲线宏程序加工所使用的指令及编程技巧、切削用量的给定都要逐一讲解。

6.4.1 参考程序

O1;(铣削平面宏程序)

行号	程　　序	解　　释
N1	#1=72.0	矩形 X 方向边长
N2	#2=72.0	矩形 Y 方向边长
N3	#3=12.0	立铣刀刀具直径
N4	#4=-#2/2	设 Y 坐标为自变量,初始值为-#2/2
N5	#14=0.8*#3	步距为 0.8 倍刀具直径
N6	#5=[#1+#3]/2+2.0	开始点的 X 坐标
N7	T1M06	调用 T1 号刀具(ϕ12 立铣刀)
N8	G54G90G00X0Y0Z50.0S2100M3	
N9	G43Z100H01	刀具长度补偿 H01
N10	X#5Y#4	快速移至开始点位置
N11	Z5M08	快速定位到 Z5mm
N12	G01Z0F300	下切至 Z0 平面
N13	WHILE[#4LT[#2/2+0.3*#3]] D01	设定条件

续表

行号	程　　序	解　　释
N14	G01X－＃5F350	
N15	＃4＝＃4＋＃14	Y坐标递增＃14
N16	Y＃4	Y坐标向正方向G01移动
N17	X＃5	G01移动至右边
N18	＃4＝＃4＋＃14	Y坐标递增＃14
N19	Y＃4	Y坐标向正方向G01移动(完成一个循环)
N20	END1	循环1结束
N21	G0Z100	提刀至安全高度
N22	M30	程序结束

O2；(铣 $73.5_{-0.03}^{\ 0}$ mm×$73.5_{-0.03}^{\ 0}$ mm方，深度为13mm程序)

行号	程　　序	解　　释
N1	G90G54G00X0Y0 S1300M03	定位起始点
N2	G43H1Z100	调用1号刀具，定位起始高度
N3	Z5M08	
N4	G41D1X36.75Y45	建立刀具半径补偿
N5	G01Z－13F210	
N6	Y－36.75,R2	
N7	X－36.75,R2	
N8	Y36.75,R2	
N9	X34.75	
N10	G02X36.75Y34.75R2	
N11	G00Z100	
N12	G40X0Y0	取消半径补偿
N13	M30	程序停止并返回程序头

O3；(铣由长轴为 $70_{-0.05}^{\ 0}$ mm，短半轴为25mm的一半椭圆线和R35mm半圆线构成的高(6±0.05)mm的凸台宏程序)

行号	程　　序	解　　释
N1	＃1＝180	设角度为自变量，赋初始值为180°
N2	T1M06	换T1号刀具(ϕ12立铣刀)
N3	G90G54G00X0Y0S1300M3	程序开始，定位于G54原点(即矩形中心)上方
N4	G43Z100H1	刀具长度补偿H1
N5	G00 X45 Y5	快速移至开始点位置
N6	Z5M08	快速接近至Z5.0平面
N7	G01 Z－6F210	下切至Z－6.0平面
N8	G41D1X35	半径补偿切削移动到圆弧边缘
N9	G02X－35Y5R35	圆弧插补切削R35圆弧
N10	WHILE[＃1 GE 0] D01	设定条件

续表

行号	程　　序	解　　释
N11	＃11＝35＊COS[＃1]	椭圆长半轴 X 赋值
N12	＃12＝25＊SIN[＃1]＋5	椭圆短半轴 Y 赋值
N13	G01X＃11Y＃12	铣削椭圆
N14	＃1＝＃1－1	角度递减 1°
N15	END 1	循环 1 结束
N16	G01G40X45 Y5	取消刀具半径补偿
N17	G00 Z100.0	提刀至安全高度
N18	M30	程序结束

O4；(铣长轴为(40±0.05)mm，短轴为(30±0.05)mm，深(4±0.1)mm 的椭圆槽宏程序)

行号	程　　序	解　　释
N1	＃2＝0	设角度为自变量，赋初始值为 0°
	＃3＝6.2	定义刀具半径＋加工余量
N2	T1M06	换 T1 号刀具(ϕ12 立铣刀)
N3	G90G54G00X0Y0S1300M3	程序开始，定位于 G54 原点(即矩形中心)上方
N4	G43Z100H01	刀具长度补偿 H1
N5	Z5M08	快速接近至 Z5.0 平面
N6	G01 Z－4F50	下切至 Z－4.0 平面(此为加工平面)
N7	WHILE[＃2 LE 360] D01	设定条件
N8	＃4＝[15－＃3]＊COS[＃2]	椭圆长半轴 X 赋值
N9	＃5＝[20－＃3]＊SIN[＃2]	椭圆短半轴 Y 赋值
N10	G01X＃4Y＃5F210	铣削椭圆槽
N11	＃2＝＃2＋1	角度递增 1°
N12	END 1	循环 1 结束
N13	G01G40X0 Y0	取消刀具半径补偿
N14	G00 Z100	循环结束，提刀至安全高度
N15	M30	程序结束

6.4.2 学生自主编程

学生独立完成程序编写，选择相应的加工方式并设置切削参数，填写表 6.9 加工程序清单。

表 6.9　加工程序清单

序号	程序号	刀具	刀具号	刀具长度补偿号	备注

6.5　加工前准备

1. 机床准备(表 6.10)

表 6.10　机床准备卡片

<table>
<tr><td rowspan="2">设备检查</td><td colspan="4">机械部分</td><td colspan="2">电器部分</td><td colspan="3">数控系统部分</td><td colspan="2">辅助部分</td></tr>
<tr><td>主轴部分</td><td>进给部分</td><td>刀库部分</td><td>润滑部分</td><td>主电源</td><td>冷却风扇</td><td>电器元件</td><td>控制部分</td><td>驱动部分</td><td>冷却</td><td>润滑</td></tr>
<tr><td>检查情况</td><td></td><td></td><td></td><td></td><td></td><td></td><td></td><td></td><td></td><td></td><td></td></tr>
<tr><td colspan="12">注：经检查后该部分完好，在相应项目下打“√”；若出现问题及时报修。</td></tr>
</table>

2. 工件安装

(1) 精密平口虎钳安装牢固，位置方向要正确。
(2) 工件夹紧力适当，安装牢固。
(3) 工件安装的高度正确，夹具不能与刀具发生干涉。
(4) 工作坐标系设定要正确。

3. 刀具安装及加工参数设置

(1) 铣刀伸出长度尽可能地短，以增加刀具的刚性。
(2) 安装的刀具号要对应好。
(3) 刀具的补偿数值应输入在与程序中该刀具相对应的刀补号中。

6.6　实际零件加工

1. 教师演示

(1) 工件的装夹、找正及坐标系设置。
(2) 刀具的准备、安装及参数设置。
(3) 加工程序的编制和程序输入。
(4) 加工过程中的切削用量的调整。

2. 学生加工训练

训练中，指导教师巡回指导，及时纠正不正确的操作姿势、解决学生练习中出现的各种问题。

6.7　零件测量

教学策略：讲授法、提问法。

在使用外径千分尺测量矩形尺寸精度及椭圆凸台尺寸精度时采用讲授的方法将外形的

基本尺寸、上下偏差值再次提出，以便加深学生的印象；在使用内测千分尺测量椭圆槽精度时，将测量方法再次提出；实际测量中可以设计一些提问环节如："如何保证内测千分尺测量的精确度?"，将学生的学习焦点及时引入。

6.7.1 参考检测工艺

该零件关键部分是椭圆轮廓的加工。在 $73.5_{-0.03}^{0}$ mm×$73.5_{-0.03}^{0}$ mm×12mm 的方板上有一个由长轴 $70_{-0.05}^{0}$ mm 短半轴 25mm 的一半椭圆线和 R35mm 半圆线构成的高(6±0.05)mm 的凸台，在中心是一个长轴为(40±0.05)mm，短轴为(30±0.05)mm，深(4±0.1)mm 的椭圆槽。加工难点为椭圆曲线的程序编制。

1. 检测 $73.5_{-0.03}^{0}$ mm、$70_{-0.05}^{0}$ mm 和 $60_{-0.05}^{0}$ mm 尺寸

用 0.01 精度的 50～75mm 外径千分尺测量该尺寸，根据测量结果和被测尺寸的公差要求判断是否合格。

2. 检测(40±0.05)mm 和(30±0.05)mm 尺寸

用 0.01 精度的 25～50mm 内测千分尺测量该尺寸，根据测量结果和被测尺寸的公差要求判断是否合格。

3. 检测深度(4±0.1)mm 和(6±0.05)mm 尺寸

用 0.01 精度的 0～25mm 深度千分尺测量该尺寸 3 个不同位置，根据测量结果和被测尺寸的公差要求判断是否合格。

4. 检测 *R*35mm 圆弧

用样板进行比较测量，根据测量结果和被测尺寸的公差要求判断是否合格。

5. 检测表面粗糙度 *Ra*1.6 和 *Ra*3.2

用表面粗糙度比较样本进行比较，验定表面粗糙度是否合格。

6. 检测深度 18mm 尺寸

用 0.02 精度的游标卡尺测量该尺寸 3 个不同位置，根据测量结果和被测尺寸的公差要求判断是否合格。

6.7.2 检测并填写记录表

教学策略：小组互检、个人验证、教师抽验。

首先以小组为单位进行互检，由检测同学按评分表给出一个互检成绩；然后个人对自己加工的工件进行自检并与互检成绩、检测结果进行比较，从中发现问题尺寸并找出检测出现不同结果的原因，更正出现失误的环节；最后由教师对学生的零件进行抽样检测，并针对出现的问题集中解释出现测量误差的原因及提出改进的方法。

6.8 加工误差分析及后续处理

1. 教学策略：学生反馈、讲授法、提问法

针对学生出现加工误差并及时反馈的情况，教师进行集中汇总，针对出现的较多情况采用讲授的方法来指导学生了解出现的原因；对于出现概率不大或没有出现的情况，教师采用提问的方法引导学生自主分析加工误差产生的原因。

2. 加工误差分析

在加工中心上进行椭圆曲线加工时经常遇到的加工误差有多种，其问题现象、产生的原因、预防和消除的措施见表6.11。

表6.11 加工误差及后续处理

问题现象	产生原因	预防和消除
切削过程出现振动	1. 工件装夹不正确 2. 刀具安装不正确 3. 切削参数不正确	1. 检查工件安装，增加安装刚性 2. 调整刀具安装位置 3. 提高或降低切削速度
尺寸精度不合格	1. 刀具选择错误 2. 程序位置点错误 3. 刀具半径补偿值错误	1. 选择正确的刀具 2. 检查程序位置点 3. 调整刀具半径补偿值
表面质量差	1. 切削速度不当 2. 排屑不畅 3. 刀尖产生积屑瘤 4. 切削液选用不合理	1. 调整主轴转速 2. 加大冷却液流量 3. 选择合理切削用量 4. 选择合适的切削液

6.9 课题小结

1. 教学策略：小组汇报、教师总结

通过小组汇报的方式，教师可以以小组为单位了解各组的工件完成情况及存在的问题，并有针对性地提出下一步的教学方案，对操作较好的学生提出改进意见，对技能情况掌握不理想的学生提出提高方案。

教师以本课题中提出的学习目标总结学生实际掌握的情况及存在的问题，为下一阶段的学习打下基础。

2. 课题考核

(1) 考核方式：日常考核。

(2) 考核要求：首先以课题提出的评分标准为一定的考核依据，同时配合学生实际操作中的不同阶段予以分别考核，如学生的操作规范、工件加工、零件检测等环节。

6.10 综合评价

1. 自我评价(表 6.12)

表 6.12 自我评价表

课题名称			课时				
课题自我评价成绩			任课教师				
类别	序号	自我评价项目	结果	A	B	C	D
编程	1	程序是否能顺利完成加工					
	2	程序是否满足零件的工艺要求					
	3	编程的格式及关键指令是否能正确使用					
	4	题目：你设计本程序的主要思路是什么？ 作答：					
工件刀具安装	1	刀具安装是否正确					
	2	工件安装是否正确？					
	3	题目：安装刀具时需要注意的事项主要有哪些？ 作答：					
	4	题目：安装工件时需要注意的事项主要有哪些？ 作答：					
操作与加工	1	操作是否规范					
	2	着装是否规范					
	3	切削用量是否符合加工要求					
	4	题目：加工时需要注意的事项主要有哪些？ 作答：					
	5	题目：加工时经常出现的加工误差主要有哪些？ 作答：					

续表

类别	序号	自我评价项目	结果	A	B	C	D
精度检测	1	题目：是否了解本零件测量需要的各种量具的原理及使用？ 作答：					
	2	题目：本零件精度检测的主要内容是什么？采用了何种方法？ 作答：					
	3	题目：批量生产时，你将如何检测该零件的各项精度要求？ 作答：					
（本部分综合成绩）合计：							
自我总结							
学生签字： 年 月 日			指导教师签字： 年 月 日				

2. 小组互评（表6.13）

表6.13 小组互评表

序号	小组评价项目	评价情况
1	是否尊重他人	
2	是否服从教师的教学安排和管理	
3	学习态度是否积极主动	
4	着装是否符合标准	
5	是否按照安全规范操作	
6	是否能正确地领会他人提出的学习问题	
7	是否合理规范地使用工具和量具	
8	是否能保持学习环境的干净整洁	
9	能否辨别工作环境中哪些是危险的因素	
10	团队学习中主动与合作的情况如何	

参与评价同学签名：

年 月 日

3．教师评价

教师总体评价：

教师签字：____________

年　　月　　日

模块 7

配合件加工训练

学习目的

(1) 掌握配合件的加工要领;
(2) 能够合理安排配合件的加工工艺,保证配合精度;
(3) 能够编制配合件的加工程序;
(4) 掌握零件尺寸精度和配合精度的检测方法。

学习要求

(1) 独立完成配合件的编程与加工;
(2) 根据图纸合理作出刀具的清单;
(3) 正确规范操作机床和使用工量具,加工质量符合图纸要求;
(4) 养成良好的职业习惯。

学习重点和难点

(1) 学习配合件的加工工艺编制;
(2) 学习配合件的加工程序编制;
(3) 学习配合精度的控制和检测。

教学策略

课堂讲授+现场演练,讲授法、演练法、互动法。

配合件的加工工艺和加工程序编制通过讲授法进行讲解,在讲解过程中给出案例展示,通过案例展示引导学生对配合件加工进行讨论,随后教师给出部分问题供学生思考并完成,根据学生对问题的完成情况教师进行点评和总结。

教师课前准备

1. 教学用具

授课计划、纸质及电子教案、课件、黑板、粉笔、多媒体设备、实物样件等。

2. 教学管理物品

实训过程记录表、实训成绩评价标准、实训报告评分标准、实训室使用记录表、仪器设备维护保养卡等。

3. 检查实训设备

开机前检查机床外观各部位是否存在异常，如防护罩、脚踏板等部位；检查机床润滑油液及冷却液是否充足；检查电、气是否达到开机要求，检查主轴、工作台、夹具上是否有异物；检查机床面板各旋钮状态；开机后检查机床是否存在报警并完成返回机床参考点操作，操作环境温度较低的情况下，必须进行暖机 3～5min。

4. 训练用具(表 7.1)

表 7.1 训练用具清单

序号	类别	名称	规格	数量	备注
1	材料	LY12	75mm×75mm×27mm	2 件	
2	刀具	高速钢立铣刀	ϕ12mm、ϕ8mm	各 1 支	
		中心钻	ϕ3mm		
		钻头	ϕ7.8mm		
		铰刀	ϕ8H7mm		
3	夹具	精密平口虎钳	0～300mm	1 台	
4	量具	游标卡尺	1～150mm	1 把	
		千分尺	0～25mm、25～50mm、50～75mm	各 1 把	
		深度千分尺	0～25mm	1 把	
		内测千分尺	5～30mm	1 把	
5	工具	铣夹头		2 个	
		钻夹头		1 个	
		弹簧夹套	ϕ12mm、ϕ8mm	各 1 个	与刀具配套
		平行垫铁		1 副	
		油石		1 块	

学生课前准备

(1) 理论知识点准备：数控加工工艺方案合理性的分析方法，切削刀具的选用原则，装配图和零件图的识读方法，互换性与测量技术相关知识，常用量具的使用方法。

(2) 技能知识点准备：能够独立操作加工中心机床完成零件的加工。

(3) 教材及学习用具准备：本教材、学习笔记、笔、计算器。

(4) 衣着准备：工作服、工作帽、工作鞋。

本模块学习过程如图 7.1 所示。

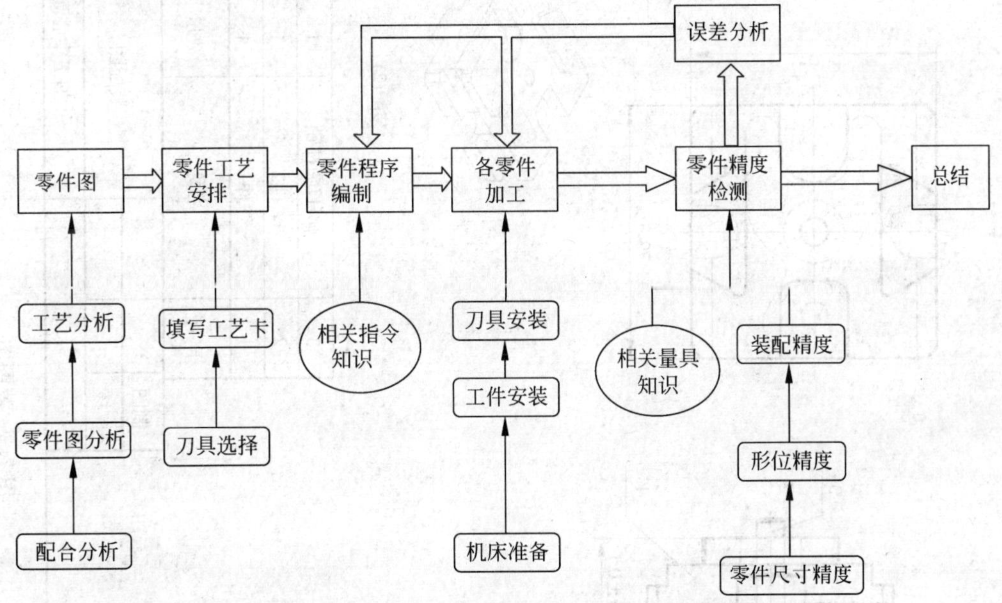

图 7.1　配合件加工训练学习过程示意图

学习导入

(1) 由检查、提问旧知识导入：通过案例及实物展示的方式引导学生提问，激发学生回忆已经学过的相关知识并回答引入问题。

(2) 由生动的实例导入：通过展示动画的方式引导学生思考教师设置的问题，并给出自己的观点及想法。

7.1　图样与评分标准

图样见图 7.2、图 7.3、图 7.4，对应评分标准见表 7.2。

3
1
2
$72_{-0.04}^{0}$
$72_{-0.04}^{0}$
35±0.1
装配(1)
$72_{-0.04}^{0}$
$72_{-0.04}^{0}$
27.5±0.1
装配(2)
技术要求
1. 配合间隙小于0.1mm；
2. 件1与件2配合后，φ8h7圆柱销能够插入。
3 φ8H7圆柱销 1 45钢
2 件2 1 LY12
1 件1 1 LY12
序号 名称 数量 材料 备注
制图
校核
装配图
加工中心高级技能训练图(7-1)

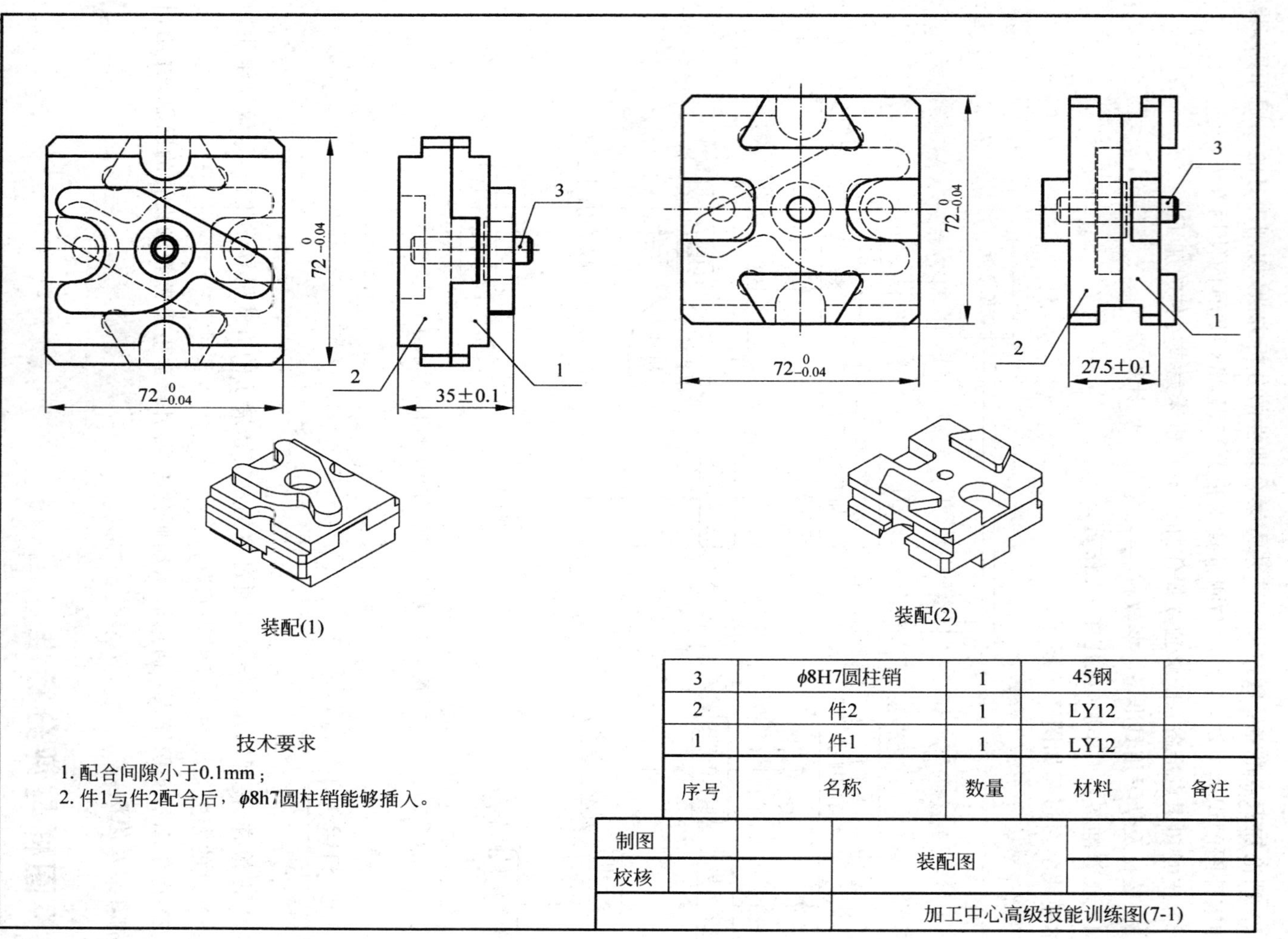

图 7.2 装配图

其余 3.2
48±0.03
C3
60°
4×R4
2×R5
R10
60
46
2×ϕ8H7
深10mm
1.6
2×21
30
2×R7.5
72 0 -0.04
22 -0.01 -0.06
20 -0.20 -0.53
40 -0.02 -0.06
7 +0.05 0
8 +0.05 0
5.5 +0.05 0
24±0.1
10
R20
R7
6.264
30°
8
8.994
8.497
26
28
2×R5
60 0 -0.04
技术要求
1. 锐边倒钝；
2. 未注公差尺寸允差为±0.15mm。
制图
校核
件(1)
比例 1:1
材料 LY12
加工中心高级技能训练图(7-2)

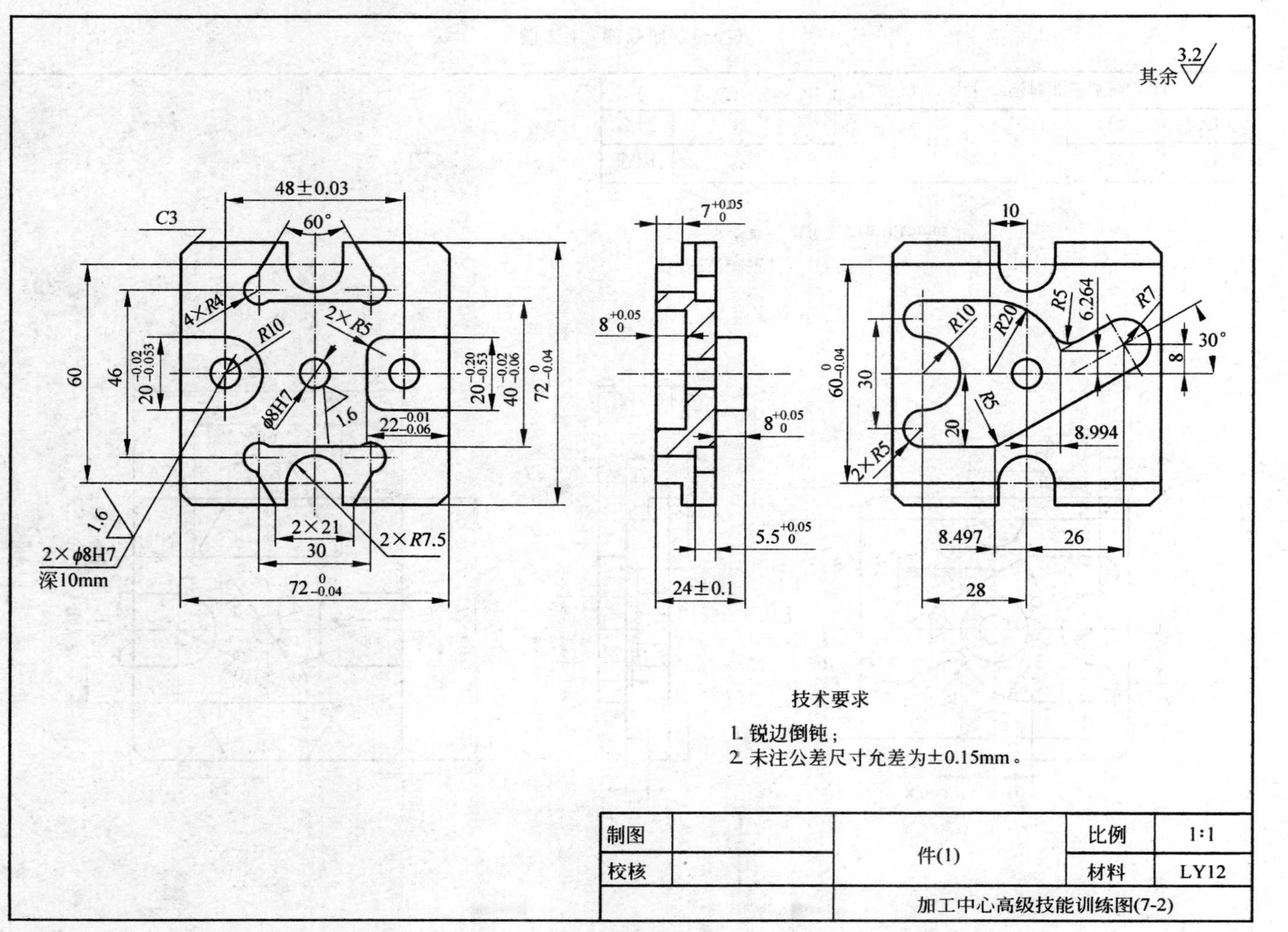

图 7.3　配合训练件(1)

其余 3.2
技术要求
1. 锐边倒钝；
2. 未注公差尺寸允差为±0.15mm。
制图
校核
件(2)
比例 1:1
材料 LY12
加工中心高级技能训练图(7-3)

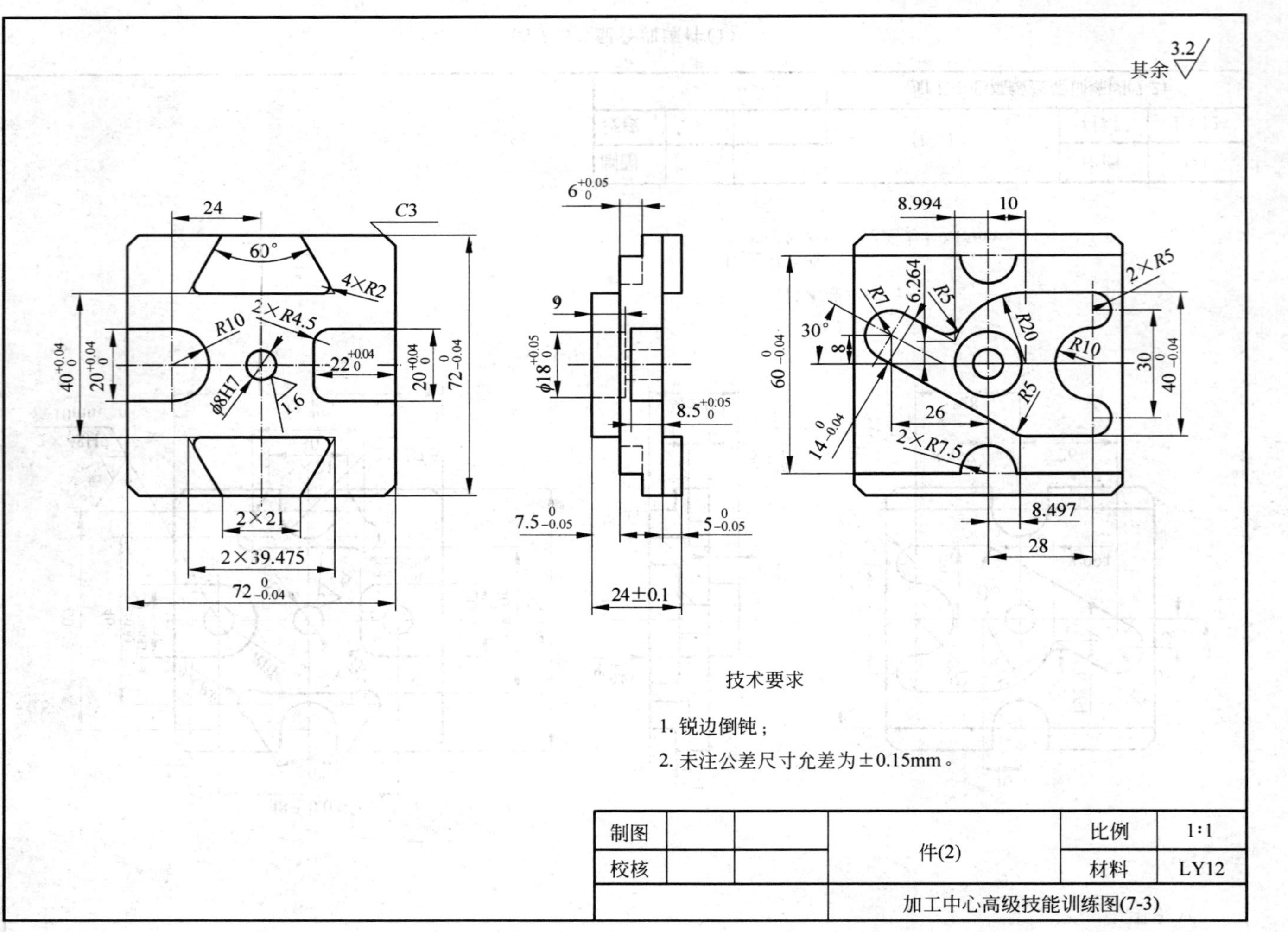

图 7.4 配合训练件(2)

表 7.2 配合训练检测项目及评分表(配分 100 分) 总得分________

件(1) 实得分________

序号	考核项目	考核内容及精度要求	配分	评分标准	检测结果	得分
1	轮廓尺寸	$72_{-0.04}^{\ 0}$(2 处)	4	超差不得分		
2		$20_{-0.053}^{-0.02}$(2 处)	4	超差不得分		
3		$22_{-0.06}^{-0.01}$	2	超差不得分		
4		$40_{-0.06}^{-0.02}$	2	超差不得分		
5		$60_{-0.04}^{\ 0}$	2	超差不得分		
6		$8_{\ 0}^{+0.05}$(3 处)	6	超差不得分		
7		$5.5_{\ 0}^{+0.05}$(2 处)	4	超差不得分		
8		$7_{\ 0}^{+0.05}$(2 处)	4	超差不得分		
9		24±0.1	1	超差不得分		
10		异形槽轮廓	2	轮廓不正确不得分		
11		零件完整性	3	错一处扣 1 分		
12	孔尺寸	ϕ8H7(3 处)	3	超差不得分		
13		10(2 处)	1	超±1mm 不得分		
14		48±0.03	2	超差不得分		
15	表面粗糙度	$Ra1.6$(3 处)	1.5	超差不得分		
16		其余 $Ra3.2$	3	超差一处扣 1 分		

件(2) 实得分________

序号	考核项目	考核内容及精度要求	配分	评分标准	检测结果	得分
1	轮廓尺寸	$72_{-0.04}^{\ 0}$(2 处)	4	超差不得分		
2		$20_{\ 0}^{+0.04}$(2 处)	4	超差不得分		
3		$22_{\ 0}^{+0.04}$	2	超差不得分		
4		$40_{\ 0}^{+0.04}$	2	超差不得分		
5		$60_{-0.04}^{\ 0}$	2	超差不得分		
6		$14_{-0.04}^{\ 0}$	2	超差不得分		
7		$40_{-0.04}^{\ 0}$	2	超差不得分		
8		$7.5_{-0.05}^{\ 0}$	2	超差不得分		
9		$5_{-0.05}^{\ 0}$(2 处)	4	超差不得分		
10		$8.5_{\ 0}^{+0.05}$(2 处)	4	超差不得分		
11		$6_{\ 0}^{+0.05}$(2 处)	2	超差不得分		
12		24±0.1	1	超差不得分		
13		9	1			
14		零件完整性	3	错一处扣 1 分		
15	孔尺寸	ϕ8H7	1	超差不得分		
16		$\phi18_{\ 0}^{+0.05}$	2	超±1mm 不得分		
17	表面粗糙度	$Ra1.6$	0.5	超差不得分		
18		其余 $Ra3.2$	3	超差一处扣 1 分		

续表

配合精度					实得分________	
序号	考核项目	考核内容及精度要求	配分	评分标准	检测结果	得分
1	装配(1)	35±0.1	2	超差不得分		
2		间隙小于0.1mm	3	超差不得分		
3		件1与件2配合后，ϕ8H7圆柱销能插入	2	不能插入不得分		
4	装配(2)	27.5±0.1	2	超差不得分		
5		间隙小于0.1mm	3	超差不得分		
6		件1与件2配合后，ϕ8H7圆柱销能插入	2	不能插入不得分		

7.2 图纸分析

教学策略：分组讨论、小组汇报、教师总结。

以分组讨论的形式对图纸的各个尺寸、重要部位进行合理分析，小组得出统一图纸分析方案后集中汇总、汇报。教师针对多种不同的图纸分析方案进行总结性分析，提出较为合理的分析结果。

7.2.1 学生自主分析

1. 装配图纸分析

____

____

____

2. 零件图纸分析

____

____

____

3. 工艺分析

1）结构分析

____

____

____

2）精度分析

3）定位及装夹分析

4）加工工艺分析

7.2.2　参考分析

1. 装配图分析

如图 7.2 装配图，由 3 个零件装配而成，其中两个零件需加工后装配，然后将 ϕ8H7mm 的销子插入后，有单边间隙小于 0.1mm 的配合要求。因此在单件加工时，须保证尺寸加工精度和形位精度，对于一些隐性的加工要求在加工中要考虑。

2. 零件图分析

图 7.3 配合训练件(1)，该零件由 $72_{-0.04}^{0}$ mm×$72_{-0.04}^{0}$ mm，倒角为 $C3$ 的方；两个宽 $20_{-0.053}^{-0.02}$ mm，高 $8_{0}^{+0.05}$ mm 的凸台；两个深 $5.5_{0}^{+0.05}$ mm 的燕尾槽；反面在高 $7_{0}^{+0.05}$ mm，$72_{-0.04}^{0}$ mm×$60_{-0.04}^{0}$ mm 的方台上有一个深 $8_{0}^{+0.05}$ mm 的异形槽；3 个 ϕ8H7 的孔等特征构成。对于参与配合的尺寸，应保证其加工精度。

图 7.4 配合训练件(2)，该零件由 $72_{-0.04}^{0}$ mm×$72_{-0.04}^{0}$ mm，倒角为 $C3$ 的方；两个高 $5_{-0.05}^{0}$ mm 的燕尾凸台；宽 $20_{0}^{+0.04}$ mm，两个深 $8.5_{0}^{+0.05}$ mm 的凹槽；反面是高 $7.5_{-0.05}^{0}$ mm 的异形凸台和高 $6_{0}^{+0.05}$ mm，$72_{-0.04}^{0}$ mm×$60_{-0.04}^{0}$ mm 的方台；一个 ϕ8H7mm 和 $\phi 18_{0}^{+0.05}$ mm 的台阶孔等特征构成。零件大多尺寸参与配合，加工时应按较高精度加工，其他尺寸精度以图纸要求加工。

3. 工艺分析

1）毛坯选择

依据图纸，材料选择硬铝，件(1)和件(2)尺寸规格 75mm×75mm×26mm 各一块，见图 7.5。

2）结构分析

在零件上存在外形、腔槽和孔等结构，因此在加工时应重点考虑装夹、编程、切削用量等工艺问题。

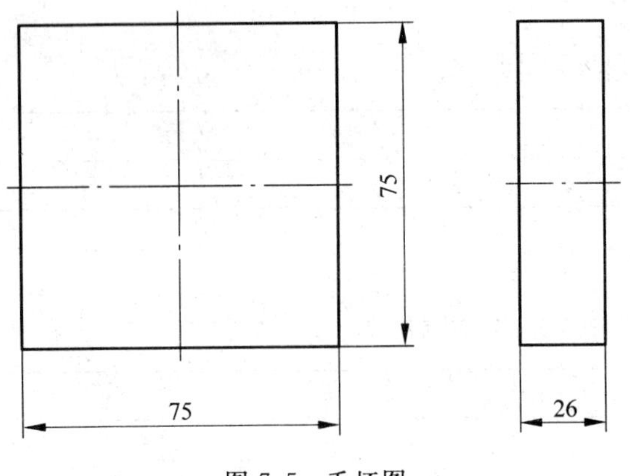

图 7.5 毛坯图

3) 精度分析

(1) 件(1)：在零件上存在 $72_{-0.04}^{0}$ mm×$72_{-0.04}^{0}$ mm，倒角为 C3 的方；宽 $20_{-0.053}^{-0.02}$ mm，两个高 $8_{0}^{+0.05}$ mm 的凸台；两个深 $5.5_{0}^{+0.05}$ mm 的燕尾槽；反面有高 $7_{0}^{+0.05}$ mm，$72_{-0.04}^{0}$ mm×$60_{-0.04}^{0}$ mm 的方台；一个深 $8_{0}^{+0.05}$ mm 的异形槽；3 个 ϕ8H7 的孔。零件加工精度较高，在加工时应重点考虑参与配合尺寸精度，异形槽未注公差，但有配合要求，应以件(2)异形凸台尺寸为基准按配合精度要求加工。

(2) 件(2)：在零件上存在 $72_{-0.04}^{0}$ mm×$72_{-0.04}^{0}$ mm，倒角为 C3 的方；两个高 $5_{-0.05}^{0}$ mm 的燕尾凸台；两个宽 $20_{0}^{+0.04}$ mm，深 $8.5_{0}^{+0.05}$ mm 的凹槽；反面是高 $7.5_{-0.05}^{0}$ mm 的异形凸台和高 $6_{0}^{+0.05}$ mm，$72_{-0.04}^{0}$ mm×$66_{-0.04}^{0}$ mm 的方台；一个 ϕ8H7mm 和 $\phi 18_{0}^{+0.05}$ mm 的台阶孔。零件形状较复杂，精度较高，大多尺寸有配合要求，加工时应按较高精度加工，还有参与配合未标注公差尺寸，有隐性精度要求，加工时应当注意，其他尺寸精度以图纸要求加工。

4) 定位及装夹分析

(1) 装夹：工件的装夹方法直接影响零件的加工精度和加工效率，必须根据图纸认真考虑。该配合零件毛坯均为方形材料，可采用精密平口钳和垫铁配合使用来完成零件装夹，见图 4.3，工件装夹高度由垫铁调整，轻夹工件，用木锤轻敲工件上表面，检查工件和垫铁接触状态，然后夹紧工件，工件装夹完成。

(2) 定位：单个零件定位时可采用光电式寻边器、机械式寻边器或定位心轴，利用机床位置显示功能，确定零点，零点的位置要与编程零点位置一致，尽可能与设计基准重合。

根据零件图分析，使用机械式寻边器将各个零件工作坐标系原点 X、Y 轴设置在零件的中心，Z 轴根据装夹情况设置在零件的上表面。

5) 加工工艺分析

经过以上分析，考虑到零件精度、装配精度要求，零件加工时总体安排顺序是，先加工件(1)正面和件(2)反面，然后加工件(1)反面和件(2)正面。

7.3 工艺规程设计

教学策略：分组讨论、小组汇报、教师总结。

以分组讨论的形式对零件提出整体的加工方案，小组得出统一方案后集中汇总、汇报。

教师针对多种不同的加工方案进行分析，并提出较为合理的工艺路线。

7.3.1　学生自主设计

1. 刀具选择(表 7.3)

表 7.3　刀具卡片

刀具名称	刀具规格	材料	数量	刀具用途	备注

2. 切削参数选择(表 7.4)

表 7.4　切削参数卡片

刀具	切削速度 v/(mm/min)	每刃进给量 f/(mm/刃)	主轴转速 S/(r/min)	进给速度 F/(mm/min)	备注

3. 工艺规程安排(表 7.5)

表 7.5　工序卡片(可附表)

<table>
<tr><td colspan="2">单位</td><td colspan="2">产品名称及型号</td><td colspan="2">零件名称</td><td>零件图号</td></tr>
<tr><td colspan="2"></td><td colspan="2"></td><td colspan="2"></td><td></td></tr>
<tr><td>工序号</td><td>程序编号</td><td colspan="2">夹具名称</td><td colspan="2">使用设备</td><td>工件材料</td></tr>
<tr><td></td><td></td><td colspan="2"></td><td colspan="2"></td><td></td></tr>
<tr><td>工步</td><td>工步内容</td><td>刀号</td><td>切削用量</td><td>备注</td><td colspan="2">工序简图</td></tr>
<tr><td></td><td></td><td></td><td></td><td></td><td colspan="2"></td></tr>
<tr><td></td><td></td><td></td><td></td><td></td><td colspan="2"></td></tr>
<tr><td></td><td></td><td></td><td></td><td></td><td colspan="2"></td></tr>
</table>

7.3.2　参考分析

1. 刀具选择

工件材料为硬铝，刀具选择刃口锋利、直线度好、精度高的 ϕ8mm 和 ϕ12mm 高速钢立铣刀加工各轮廓尺寸，选用刀具情况见表 7.6。

表 7.6　刀具卡片

刀具名称	刀具规格	材料	数量	刀具用途	备注
立铣刀	ϕ12mm	高速钢	1	平面加工，轮廓加工	
立铣刀	ϕ8mm	高速钢	1	轮廓，形槽加工等	
中心钻	ϕ3mm	高速钢	1	钻中心孔	
麻花钻	ϕ7.8mm	高速钢	1	钻孔	
铰刀	ϕ8H7mm	高速钢	1	铰 ϕ8H7mm 孔	

2. 切削参数选择

根据加工对象的材质，刀具的材质和规格，从金属切削参数书籍中查找刀具线速度、单刃切削量，确定选用刀具的转速、进给速度，参考切削参数见表 7.7。

表 7.7　切削参数卡片

刀具	切削速度 v/(mm/min)	每刃进给量 f/(mm/刃)	主轴转速 S/(r/min)	进给速度 F/(mm/min)	备注
ϕ12mm 立铣刀	50	0.04	1300	210	粗加工
	80	0.035	2100	300	精加工
ϕ8mm 立铣刀	40	0.03	1600	200	粗加工
	60	0.03	2400	280	精加工
ϕ3mm 中心钻	30	0.03	3200	200	
ϕ7.8mm 钻头	30	0.05	1200	120	
ϕ8H7mm 铰刀	8	0.05	400	100	

3. 切削深度 a_p

切削深度在粗加工时主要受机床和刀具刚度的限制，一般情况下，径向切削量较大时切削深度取 0.5 倍 $D_{刀}$，否则切削深度可较大一些。

该零件材料为合金铝，根据零件结构特征，选用 ϕ12mm 立铣刀粗加工时，不须分层加工；选用 ϕ8mm 立铣刀粗加工槽深度为 $8^{+0.05}_{0}$ mm 异形槽时，加工量较大，考虑到刀具的强度，加工时须分层加工。

4. 工艺规程安排

从图纸分析，该配合件主要由两个零件组成，每个零件需单独加工，先加工件(1)正面和件(2)反面，然后加工件(1)反面和件(2)正面，各个零件加工工艺安排如表 7.8 及表 7.9 所示。

表 7.8　件(1)工序卡片

单位		产品名称及型号		零件名称	零件图号
				件(1)	
工序	程序编号	夹具名称		使用设备	工件材料
1		精密平口钳		VMC850	LY12
工步	工步内容	刀号	刀具及切削用量	备注	工序简图
1	铣平面，建立坐标系 注意事项： 1. 选择较小切削量； 2. 排屑及时，冷却充分	T01	ϕ12mm 立铣刀 S=2100r/min F=300mm/min		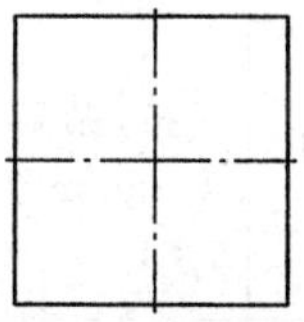
2	粗铣 $72_{-0.04}^{0}$ mm × $72_{-0.04}^{0}$ mm，倒角为 $C3$ 的方，深 20mm，留余量 0.2mm	T01	ϕ12mm 立铣刀 S=1300r/min F=210mm/min a_p=10mm	分层 铣削	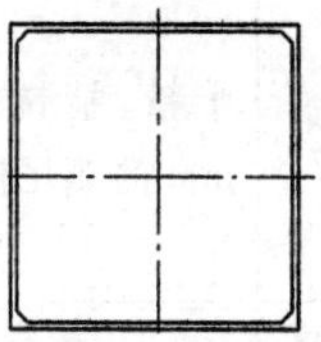
3	钻中心孔	T03	ϕ3mm 中心钻 S=3200r/min F=200mm/min		
4	钻 3 个 ϕ8H7mm 孔至 ϕ7.8mm	T04	ϕ7.8mm 麻花钻 S=1200r/min F=120mm/min		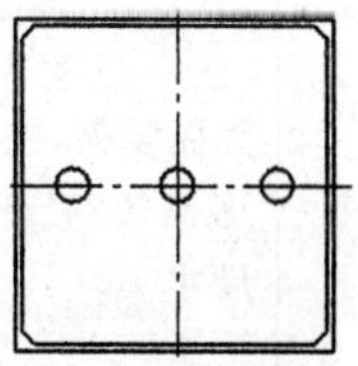
5	铰 3 个 ϕ8H7mm 孔至尺寸	T05	ϕ8H7mm 铰刀 S=400r/min F=100mm/min		
6	粗铣宽 $20_{-0.053}^{-0.02}$ mm，高 $8_{0}^{+0.05}$ mm 的两个凸台，留余量 0.2mm	T01	ϕ12mm 立铣刀 S=1300r/min F=210mm/min a_p=7.8mm	分层 铣削	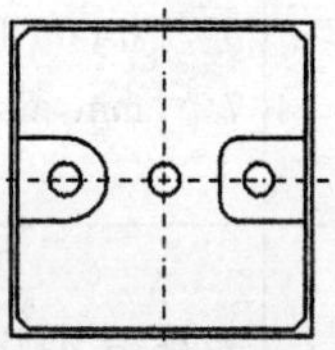
7	粗铣 U 形槽，深度至 25mm，留余量 0.2mm	T01	ϕ12mm 立铣刀 S=1300r/min F=210mm/min a_p=7mm	分层 铣削	
8	粗铣深 $5.5_{0}^{+0.05}$ mm 的燕尾槽，留余量 0.2mm	T02	ϕ8mm 立铣刀 S=1600r/min F=200mm/min a_p=5.5m		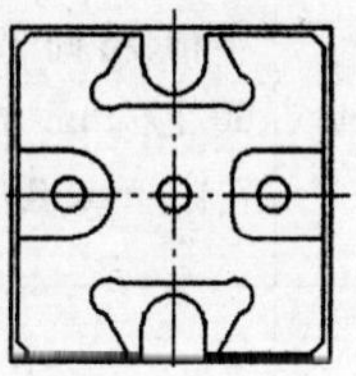
9	半精、精铣 $72_{-0.04}^{0}$ mm× $72_{-0.04}^{0}$ mm 倒角为 $C3$ 的方，深 20mm 至尺寸	T01	ϕ12mm 立铣刀 S=2100r/min F=300mm/min a_p=20mm		

续表

工步	工步内容	刀号	刀具及切削用量	备注	工序简图
10	半精、精铣宽 $20_{-0.053}^{-0.02}$ mm，高 $8_{0}^{+0.05}$ mm 的两个凸台至尺寸	T01	ϕ12mm 立铣刀 S=2100r/min F=300mm/min a_p=20mm		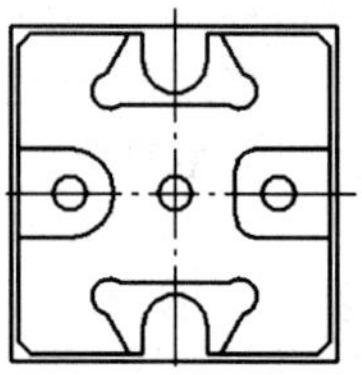
11	半精、精铣 U 形槽，深度 25mm 至尺寸	T01	ϕ12mm 立铣刀 S=2100r/min F=300mm/min a_p=20mm		
12	半精、精铣深 $5.5_{0}^{+0.05}$ mm 的燕尾槽至尺寸	T02	ϕ8mm 立铣刀 S=2400r/min F=280mm/min a_p=5.5m		
工序	程序编号		夹具名称	使用设备	工件材料
2			精密平口钳	VMC850	LY12
工步	工步内容	刀号	刀具及切削用量	备注	工序简图
1	翻面装夹，铣平面，保证总高（24 ± 0.1）mm 尺寸	T01	ϕ12mm 立铣刀 S=2100r/min F=300mm/min		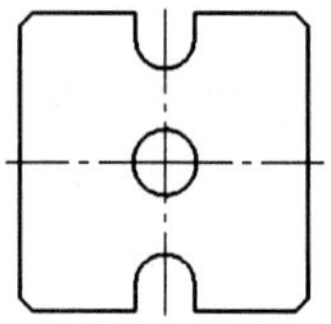
2	粗铣 $72_{-0.04}^{0}$ mm × $60_{-0.04}^{0}$ mm 的方，深至 $7_{0}^{+0.05}$ mm，留余量 0.2mm	T01	ϕ12mm 立铣刀 S=1300r/min F=200mm/min a_p=7mm		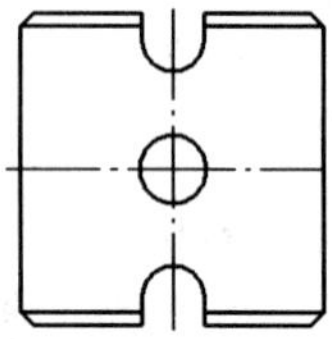
3	粗铣深 $8_{0}^{+0.05}$ mm 的异形槽，留余量 0.2mm	T02	ϕ8mm 立铣刀 S=1600r/min F=200mm/min a_p=4m	分层铣削	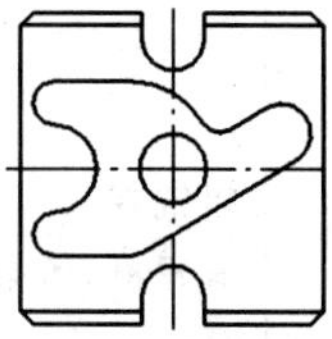
4	半精、精铣 $72_{-0.04}^{0}$ mm × $60_{-0.04}^{0}$ mm 的方，深至 $7_{0}^{+0.05}$ mm 至尺寸	T01	ϕ12mm 立铣刀 S=2100r/min F=300mm/min a_p=7mm		
5	半精、精铣深 $8_{0}^{+0.05}$ mm 的异形槽至尺寸	T02	ϕ8mm 立铣刀 S=2400r/min F=280mm/min a_p=8mm		

表 7.9 件(2)工序卡片

<table>
<tr><td colspan="2">单位</td><td colspan="2">产品名称及型号</td><td>零件名称</td><td>零件图号</td></tr>
<tr><td colspan="2"></td><td colspan="2"></td><td>件(2)</td><td></td></tr>
<tr><td>工序</td><td>程序编号</td><td colspan="2">夹具名称</td><td>使用设备</td><td>工件材料</td></tr>
<tr><td>1</td><td></td><td colspan="2">精密平口钳</td><td>VMC850</td><td>LY12</td></tr>
<tr><td>工步</td><td>工步内容</td><td>刀号</td><td>刀具及切削用量</td><td>备注</td><td>工序简图</td></tr>
<tr><td>1</td><td>铣平面,建立坐标系</td><td>T01</td><td>ϕ12mm 立铣刀
S=2100r/min
F=300mm/min</td><td></td><td></td></tr>
<tr><td>2</td><td>粗铣高 $7.5_{-0.05}^{0}$ mm 的异形凸台,留余量 0.2mm</td><td>T01</td><td>ϕ12mm 立铣刀
S=1300r/min
F=210mm/min
a_p=7.3mm</td><td></td><td></td></tr>
<tr><td>3</td><td>粗铣 $72_{-0.04}^{0}$ mm × $60_{-0.04}^{0}$ mm 的方,深至 $6_{0}^{+0.05}$ mm,留余量 0.2mm</td><td>T01</td><td>ϕ12mm 立铣刀
S=1300r/min
F=210mm/min
a_p=5.8mm</td><td></td><td></td></tr>
<tr><td>4</td><td>粗铣 $72_{-0.04}^{0}$ mm × $72_{-0.04}^{0}$ mm 倒角为 C3 的方,深 20mm,留余量 0.2mm</td><td>T01</td><td>ϕ12mm 立铣刀
S=1300r/min
F=210mm/min
a_p=20mm</td><td></td><td></td></tr>
<tr><td>5</td><td>粗铣 $\phi18_{0}^{+0.05}$ mm,深 9mm,留余量 0.2mm</td><td>T01</td><td>ϕ12mm 立铣刀
S=1300r/min
F=210mm/min
a_p=9mm</td><td></td><td></td></tr>
</table>

续表

工步	工步内容	刀号	刀具及切削用量	备注	工序简图
6	钻中心孔	T03	ϕ3mm 中心钻 S=3200r/min F=200mm/min		
7	钻 ϕ8H7mm 通孔至 ϕ7.8mm	T04	ϕ7.8mm 麻花钻 S=1200r/min F=120mm/min		
8	半精、精铣 $72_{-0.04}^{0}$ mm×$60_{-0.04}^{0}$ mm 的方，深 $6_{0}^{+0.05}$ mm 至尺寸	T01	ϕ12mm 立铣刀 S=2100r/min F=300mm/min a_p=6mm		
9	半精、精铣 $72_{-0.04}^{0}$ mm×$72_{-0.04}^{0}$ mm 倒角为 $C3$ 的方，深 20mm 至尺寸	T01	ϕ12mm 立铣刀 S=2100r/min F=300mm/min a_p=20mm		
10	半精、精铣 $7.5_{-0.05}^{0}$ mm 的异形凸台至尺寸	T02	ϕ8mm 立铣刀 S=2400r/min F=280mm/min a_p=7.5mm		
11	半精、精铣 $\phi18_{0}^{+0.05}$ mm，深 9mm 至尺寸	T02	ϕ8mm 立铣刀 S=2400r/min F=280mm/min a_p=9mm		
12	铰 ϕ8H7mm 孔至尺寸	T05	ϕ8H7mm 铰刀 S=400r/min F=100mm/min		
工序	程序编号		夹具名称	使用设备	工件材料
2			精密平口钳	VMC850	LY12
工步	工步内容	刀号	刀具及切削用量	备注	工序简图
1	翻面装夹，铣平面，保证总厚（24 ± 0.1）mm 尺寸	T01	ϕ12mm 立铣刀 S=2100r/min F=300mm/min		
2	粗铣两个高 $5_{-0.05}^{0}$ mm 的燕尾凸台，留余量 0.2mm	T01	ϕ12mm 立铣刀 S=1300r/min F=210mm/min a_p=4.8mm		

续表

工步	工步内容	刀号	刀具及切削用量	备注	工序简图
3	粗铣宽 $20^{+0.04}_{0}$ mm，深 $8.5^{+0.05}_{0}$ mm 的两个凹槽，留余量 0.2mm	T01	ϕ12mm 立铣刀 S=1300r/min F=210mm/min a_p=8.3mm		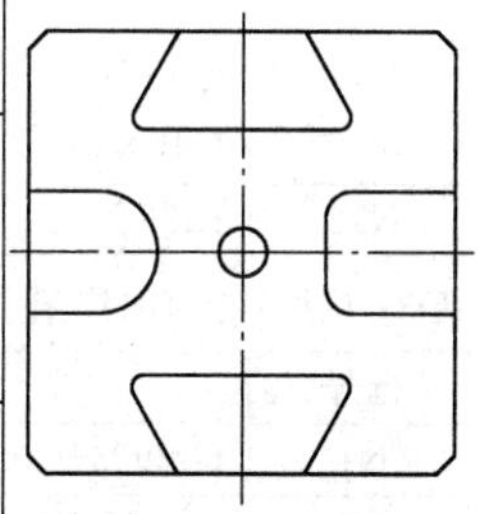
4	半精、精铣两个高 $5_{-0.05}^{0}$ mm 的燕尾凸台至尺寸	T01	ϕ12mm 立铣刀 S=2100r/min F=300mm/min a_p=5mm		
5	半精、精铣宽 $20^{+0.04}_{0}$ mm，深 $8.5^{+0.05}_{0}$ mm 的两个凹槽至尺寸	T02	ϕ8mm 立铣刀 S=2400r/min F=280mm/min a_p=8.5m		

7.4　程序编制

教学策略：讲授法、提问法、反馈强化。

对配合零件加工编程技巧进行详细的讲解，对刀具选择和切削用量的给定都要逐一讲解。

7.4.1　参考编程

1. 件(1)正面加工程序

O1；铣平面(利用相对坐标编程)

行号	程　　序	解　　释
N1	S2100M03	给定主轴转速
N2	G91G01X−90F300	给定 X 的增量坐标以及进给速度
N3	Y10	给定 Y 的增量坐标
N4	X90	
N5	Y10	
N6	M99	返回主程序

O2；(铣 $72_{-0.04}^{0}$ mm×$72_{-0.04}^{0}$ mm 倒角为 $C3$ 方的程序)

行号	程　　序	解　　释
N1	G90G54G00X0Y0 S1300M03	定位起始点
N2	G43H1Z100	调用刀具长度，定位安全高度
N3	Z5M08	
N4	G41D01X36Y45	建立刀具半径补偿
N5	G01Z−20F210	
N6	Y−36,C3	
N7	X−36,C3	

续表

行号	程　序	解　释
N8	Y36,C3	
N9	X33	
N10	X37Y32	
N11	G00Z100	快速定位到安全高度
N12	G40X0Y0	取消刀具半径补偿
N13	M30	程序结束

O3；(钻 3 个 ϕ8H7 孔定位孔程序)

行号	程　序	解　释
N1	G90G54G00X0Y0 S3200M03	定位起始点
N2	G43H3Z100	调用刀具长度补偿,定位安全高度
N3	G81X0Y0R3Z－3F200	使用 G81 指令钻孔
N4	X－24	
N5	X24	
N6	G80	取消固定循环指令
N7	M30	

O4；(钻 3 个 ϕ8H7 孔至 ϕ7.8mm 程序)

行号	程　序	解　释
N1	G90G54G00X0Y0 S1200M03	定位起始点
N2	G43H4Z100	调用刀具长度补偿,定位安全高度
N3	G83X0Y0R3Z－30Q2F120	使用 G83 指令钻孔
N4	X－24Z－16	
N5	X24	
N6	G80	取消固定循环指令
N7	M30	

O5；(铰 3 个 ϕ8H7 孔程序)

行号	程　序	解　释
N1	G90G54G00X0Y0 S400M03	定位起始点
N2	G43H5Z100	调用刀具长度补偿,定位安全高度
N3	G81X0Y0R3Z－30 F100	使用 G81 指令铰孔
N4	X－24Z－10	
N5	X24	
N6	G80	取消固定循环指令
N7	M30	
N8	M30	

O6；(铣宽 $20_{-0.053}^{-0.02}$mm,高 $8_{0}^{+0.05}$mm 的两个凸台程序)

行号	程　序	解　释
N1	G90G54G00X0Y0 S1300M03	定位起始点
N2	G43H1Z100	调用刀具长度,定位安全高度
N3	Z5M08	
N4	G41D01X45Y－10	建立刀具半径补偿
N5	G01Z－8F210	

续表

行号	程　　序	解　　释
N6	X14,R5	
N7	Y10,R5	
N8	X40	
N9	G00Z5	
N10	G40X0Y0	
N11	G41D01X－45Y10	
N12	G01Z－8F210	
N13	X－24	
N14	G02Y－10R10	
N15	G1X－40	
N16	G00Z100	快速定位到安全高度
N17	G40X0Y0	取消刀具半径补偿
N18	M30	

O7;(铣两个宽 15mm U 形槽程序)

行号	程　　序	解　　释
N1	G90G54G00X0Y－45S1300M03	定位起始点
N2	G43H1Z100	调用刀具长度,定位安全高度
N3	Z5M08	
N4	＃1＝14	定义第一层加工深度值
N5	WHILE［＃1LE26］D01	循环开始,定义条件
N6	G01Z－＃1F300	工进到加工深度
N7	G41D01X7.5	建立刀具半径补偿
N8	Y－30	
N9	G3X－7.5R7.5	
N10	G1Y－45	
N11	G40X0Y－45	取消刀具半径补偿
N12	G00Z5	
N13	X0Y45	
N14	G01Z－＃1F300	
N15	G41D01X－7.5	建立刀具半径补偿
N16	Y30	
N17	G3X7.5R7.5	
N18	G1Y45	
N19	G40X0Y－45	
N20	G00Z5	
N21	＃1＝＃1＋6	深度增量值 6mm,须加工 3 层
N22	END 1	循环结束符
N23	G00Z100	快速定位到安全高度
N24	M30	

O8;(铣两个深 $5.5^{+0.05}_{0}$mm 燕尾槽程序)

行号	程　　序	解　　释
N1	G90G54G00X0Y0 S1600M03	定位起始点
N2	G43H2Z100	调用刀具长度,定位安全高度

续表

行号	程　　序	解　　释
N3	Z5M08	
N4	G81X－15Y－23R2Z－13.5F60	
N5	X15	
N6	Y23X－15	
N7	G80	
N8	G41D02X－10.5Y45	建立刀具半径补偿
N9	G01Z－13.5F200	
N10	Y36	
N11	X－19.7375Y20	
N12	X19.7375	
N13	X10.5Y36	
N14	Y45	
N15	G00Z5	
N16	G40X0Y0	取消刀具半径补偿
N17	G41D02X10.5Y－45	
N18	G01Z－13.5F200	
N19	Y－36	
N20	X19.7375Y－20	
N21	X－19.7375	
N22	X－10.5Y－36	
N23	Y－45	
N24	G00Z100	快速定位到安全高度
N25	G40X0Y0	取消刀具半径补偿
N26	M30	

2. 件(1)反面加工程序

O9;(铣 $72_{-0.04}^{0}$ mm×$60_{-0.04}^{0}$ mm 方台程序)		
行号	程　　序	解　　释
N1	G90G54G00X0Y0S1300M03	定位起始点
N2	G43H1Z100	调用刀具长度,定位安全高度
N3	Z5M08	
N4	G41D01X45Y－33	建立刀具半径补偿
N5	G01Z－7F210	
N6	X－36	
N7	Y33	
N8	X36	
N9	Y－34	
N10	G00Z100	快速定位到安全高度
N11	G40X0Y0	取消刀具半径补偿
N12	M30	

续表

O10；（铣深 $8^{+0.05}_{0}$ mm 异形槽程序）		
行号	程　序	解　释
N1	G90G54G00X－10Y0S1600M03	定位起始点
N2	G43H2Z100	调用刀具长度,定位安全高度
N3	Z5M08	
N4	＃3＝4	定义第一层加工深度值
N5	WHILE [＃3 LE 8] D01	循环开始,定义条件
N6	G01Z－＃3F200	工进到加工深度
N7	G41D02Y20	建立刀具半径补偿
N8	X－28	
N9	G03X－28Y10R5	
N10	G02X－28Y－10R10	
N11	G03X－28Y－20R5	
N12	G01X－8.497,R5	
N13	X29.5Y1.938	
N14	G03X22.5Y14.062R7	
N15	G01X8.994Y6.264,R5	
N16	G03X－10Y20R20	
N17	G01G40Y0	
N18	＃3＝＃3＋4	深度增量值 4mm,须加工两层
N19	END 1	循环结束符
N20	G00Z100	快速定位到安全高度
N21	M30	

3. 件(2)反面加工程序

O11；（铣高 $7.5^{0}_{-0.05}$ mm 异形凸台程序）		
行号	程　序	解　释
N1	G90G54G00X0Y0S1300M03	定位起始点
N2	G43H1Z100	调用刀具长度,定位安全高度
N3	Z5M08	
N4	G51 X0 I－1	建立 Y 轴镜像
N5	X－10Y45	
N6	G01Z－7.5F210	工进到加工深度
N7	G42D01Y20	建立刀具半径补偿
N8	X－28	
N9	G03X－28Y10R5	
N10	G02X－28Y－10R10	
N11	G03X－28Y－20R5	
N12	G01X－8.497,R5	
N13	X29.5Y1.938	
N14	G03X22.5Y14.062R7	

续表

行号	程　　序	解　　释
N15	G01X8.994Y6.264,R5	注：粗加工时删除,R5
N16	G03X－10Y20R20	
N17	G01G40Y45	
N18	G50	取消镜像
N19	G00Z100	快速定位到安全高度
N20	M30	

O12;（铣 $72_{-0.04}^{0}$mm×$60_{-0.04}^{0}$mm 方台程序）

行号	程　　序	解　　释
N1	G90G54G00X0Y0S1300M03	定位起始点
N2	G43H1Z100	调用刀具长度,定位安全高度
N3	Z5M08	
N4	G41D01X45Y－30	建立刀具半径补偿
N5	G01Z－13.5F210	
N6	X7.5	
N7	G03X－7.5R7.5	
N8	X－36	
N9	Y30	
N10	X－7.5	
N11	G03X7.5R7.5	
N12	X36	
N13	Y－34	
N14	G00Z100	快速定位到安全高度
N15	G40X0Y0	取消刀具半径补偿
N16	M30	

O13;（铣 $72_{-0.04}^{0}$mm×$72_{-0.04}^{0}$mm 方程序）

行号	程　　序	解　　释
N1	G90G54G00X0Y0 S1300M03	定位起始点
N2	G43H1Z100	调用刀具长度,定位安全高度
N3	Z5M08	
N4	G41D01X36Y45	建立刀具半径补偿
N5	G01Z－20F210	
N6	Y－36,C3	
N7	X－36,C3	
N8	Y36,C3	
N9	X33	
N10	X37Y32	
N11	G00Z100	快速定位到安全高度
N12	G40X0Y0	取消刀具半径补偿
N13	M30	程序结束

续表

O14；(铣 $\phi18^{+0.05}_{0}$ mm 孔程序)

行号	程　　序	解　　释
N1	G90G54G00X0Y0 S1300M03	定位起始点
N2	G43H1Z100	调用刀具长度，定位安全高度
N3	Z5M08	
N4	G01Z－9F50	
N5	G41D01X9	建立刀具半径补偿
N6	G03I－9	
N7	G01G40X0	
N8	G00Z100	
N9	M30	

O15；(钻 ϕ8H7 孔定位孔程序)

行号	程　　序	解　　释
N1	G90G54G00X0Y0 S3200M03	定位起始点
N2	G43H3Z100	调用刀具长度补偿，定位安全高度
N3	G81X0Y0R3Z－3F200	使用 G81 指令钻孔
N4	G80	取消固定循环指令
N5	M30	

O16；(钻 ϕ8H7 孔至 ϕ7.8mm 程序)

行号	程　　序	解　　释
N1	G90G54G00X0Y0 S1200M03	定位起始点
N2	G43H4Z100	调用刀具长度补偿，定位安全高度
N3	G83X0Y0R3Z－30Q2F120	使用 G83 指令钻孔
N4	G80	取消固定循环指令
N5	M30	

O17；(铰 ϕ8H7 孔程序)

行号	程　　序	解　　释
N1	G90G54G00X0Y0 S400M03	定位起始点
N2	G43H5Z100	调用刀具长度补偿，定位安全高度
N3	G81X0Y0R3Z－30 F100	使用 G81 指令铰孔
N4	G80	取消固定循环指令
N5	M30	

4. 件(2)正面加工程序

O18；(铣两个高 $5_{-0.05}^{0}$ mm 燕尾凸台程序)

行号	程　　序	解　　释
N1	G90G54G00X－11Y45 S1300M03	定位起始点
N2	G43H1Z100	调用刀具长度，定位安全高度
N3	Z5M08	
N4	G01Z－5F210	

续表

行号	程　　序	解　　释
N5	G41D01Y36	建立刀具半径补偿
N6	X10.5Y36	
N7	X19.7375 Y20,R2	
N8	X−19.7375,R2	
N9	X−10.5Y36	
N10	G00Z5	
N11	G40X11Y−45	取消刀具半径补偿
N12	G01Z−5F210	
N13	G41D01Y−36	
N14	X−10.5Y−36	
N15	X−19.7375 Y−20,R2	
N16	X19.7375,R2	
N17	X10.5Y−36	
N18	G00Z100	快速定位到安全高度
N19	G40X0Y0	取消刀具半径补偿
N20	M30	

O19;(铣宽 $20^{+0.04}_{0}$ mm,深 $8.5^{+0.05}_{0}$ mm 的两个凹槽程序)

行号	程　　序	解　　释
N1	G90G54G00X0Y−45 S1300M03	定位起始点
N2	G43H2Z100	调用刀具长度,定位安全高度
N3	Z5M08	
N4	#4=9.5	定义第一层加工深度值
N5	WHILE [#4 LE 13.5] D01	循环开始,定义条件
N6	G01Z−#4F210	工进到加工深度
N7	G41D01Y−10	建立刀具半径补偿
N8	X−24	
N9	G03X−24Y10R10	
N10	G01X−45	
N11	G40Y0	
N12	G00Z5	
N13	X45	
N14	G01Z−#4F210	
N15	G41D01Y10	
N16	X14,R4.5	
N17	Y−10,R4.5	
N18	X45	
N19	G40Y0	
N20	G00Z5	取消刀具半径补偿
N21	#4=#4+4	深度增量值 4mm,须加工两层
N22	END 1	循环结束符
N23	G00Z100	快速定位到安全高度
N24	M30	

7.4.2 学生自主编程

学生独立完成程序编写，选择相应的加工方式并设置切削参数，填写表 7.10 加工程序清单。

表 7.10 加工程序清单

序号	程序号	刀具	刀具号	刀具长度补偿号	备注

7.5 加工前准备

1. 机床准备(表 7.11)

表 7.11 机床准备卡片

	机械部分				电器部分		数控系统部分			辅助部分	
设备检查	主轴部分	进给部分	刀库部分	润滑部分	主电源	冷却风扇	电器元件	控制部分	驱动部分	冷却	润滑
检查情况											

注：经检查后该部分完好，在相应项目下打"√"；若出现问题及时报修。

2. 工件安装

(1) 精密平口虎钳安装牢固，位置方向要正确。

(2) 工件夹紧力适当，安装牢固。

(3) 工件安装的高度正确，夹具不能与刀具发生干涉。

(4) 工作坐标系设定要正确。

3. 刀具安装及加工参数设置

(1) 铣刀伸出长度尽可能地短，以增加刀具的刚性。

(2) 安装的刀具号要对应好。

(3) 刀具的补偿数值应输入在与程序中该刀具相对应的刀补号中。

7.6 实际零件加工

1. 教师演示

(1) 工件的装夹、找正及坐标系设置。

(2) 刀具的准备、安装及参数设置。

(3) 加工程序的编制和程序输入。

(4) 加工过程中的切削用量的调整。

2. 学生加工训练

训练过程中，指导教师巡回指导，及时纠正不正确的操作姿势、解决学生练习中出现的各种问题。

7.7 零件测量

教学策略：讲授法、互动法。

零件的加工质量的高低，取决于加工尺寸与零件图纸的符合度，取决于零件尺寸测量的准确度。在对加工零件测量时采用讲授法将量具的选择、校正及测量的方法再次提出，以便加深学生的印象；实际测量中可以采用同组学生互测、教师抽测的方法，检测零件的加工质量，积累测量经验，提高学生的质量意识。

7.7.1 参考检测工艺

1. 检测 $72_{-0.04}^{0}$mm 和 $60_{-0.04}^{0}$mm 尺寸

用 0.01 精度的 50～75mm 外径千分尺测量该尺寸 3 个不同位置，根据测量结果和被测尺寸的公差要求判断是否合格。

2. 检测 $40_{-0.06}^{-0.02}$mm 和 $40_{-0.04}^{0}$mm 尺寸

用 0.01 精度的 25～50mm 外径千分尺测量该尺寸 3 个不同位置，根据测量结果和被测尺寸的公差要求判断是否合格。

3. 检测 $20_{-0.053}^{-0.02}$mm、$22_{-0.06}^{-0.01}$mm 和 $14_{-0.04}^{0}$mm 尺寸

用 0.01 精度的 0～25mm 外径千分尺测量该尺寸 3 个不同位置，根据测量结果和被测尺寸的公差要求判断是否合格。

4. 检测 $20_{0}^{+0.04}$mm 和 $\phi 18_{0}^{+0.05}$mm 尺寸

用 0.01 精度的 5～30mm 内测千分尺测量该尺寸 3 个不同位置，根据测量结果和被测尺寸的公差要求判断是否合格。

5. 检测 $8^{+0.05}_{0}$ mm、$7^{+0.05}_{0}$ mm、$5.5^{+0.05}_{0}$ mm、$5^{0}_{-0.05}$ mm、$8.5^{+0.05}_{0}$ mm、$7.5^{0}_{-0.05}$ mm、$6^{+0.05}_{0}$ mm 和 9mm 尺寸

用 0.01 精度的 0～25mm 深度千分尺测量该尺寸 3 个不同位置，根据测量结果和被测尺寸的公差要求判断是否合格。

6. 检测(24±0.1)mm、(35±0.1)mm 和(27.5±0.1)mm 尺寸

用 0.02 精度的 0～150mm 游标卡尺测量该尺寸 3 个不同位置，根据测量结果和被测尺寸的公差要求判断是否合格。

7. 检测 ϕ8H7 孔

用 ϕ8H7 塞规检验，塞规的通端插入深度大于被测深度的 2/3，止端插入深度小于被测深度的 1/3 为合格。

8. 检测(48±0.03)mm 孔距尺寸

在两 ϕ8H7 孔中插入 ϕ8H7 圆柱销，用 0.01 精度的 50～75mm 外径千分尺测量两圆柱销之间尺寸，该测量值减去圆柱销尺寸为被测尺寸，根据测量结果和被测尺寸的公差要求判断是否合格。

9. 检测圆弧尺寸

用 R 规进行比较测量，根据测量圆弧和 R 规符合度判断是否合格。

10. 检测表面粗糙度 *Ra*1.6 和 *Ra*3.2

用表面粗糙度比较样本进行比较，验定表面粗糙度是否合格。

11. 零件自由公差尺寸的检测

零件自由公差尺寸用样板、游标卡尺、R 规检验，根据测量结果和被测尺寸的公差要求判断是否合格。

12. 检测配合间隙

件(1)和件(2)按装配(1)配合后，在中心 ϕ8H7mm 孔中插入 ϕ8H7mm 圆柱销，选择 0.1mm 厚度的塞尺进行检测，在配合面塞尺不能插入为合格，否则为不合格。

7.7.2 检测并填写记录表

教学策略：小组互检、个人验证、教师抽验。

首先以小组为单位进行互检，由检测同学按评分表给出一个互检成绩；然后个人对自己加工的工件进行自检并与互检成绩、检测结果进行比较从中发现问题尺寸并找出检测出现不同结果的原因，更正出现失误的环节；最后由教师对学生的零件进行抽样检测，并针对出现的问题集中解释出现测量误差的原因及提出改进的方法。

7.8 加工误差分析及后续处理

1. 教学策略：学生反馈、讲授法、提问法

针对学生出现加工误差并及时反馈的情况，教师进行集中汇总，针对出现的较多情况采用讲授的方法来指导学生了解出现的原因；对于出现概率不大或没有出现的情况，教师采用提问的方法引导学生自主分析加工误差产生的原因。

2. 加工误差分析

加工中心机床上进行铣削加工过程中产生精度降低的原因是多方面的，经常遇到的加工误差有多种，其问题现象、产生的原因、预防和消除的措施见表7.12。

表7.12 加工误差分析及后续处理

问题现象	产生原因	预防和消除
尺寸超差	1. 刀具数据不准确 2. 刀具磨损产生让刀 3. 程序错误	1. 调整或重新设定刀具数据 2. 更换刀具 3. 检查、修改加工程序
深度尺寸不一致	1. 工件装夹校正不正确 2. 装夹不牢靠，加工过程中产生松动 3. 刀具磨损	1. 工件装夹校正准确 2. 装夹工件准确牢靠 3. 更换刀具
表面有振纹	1. 工件装夹不正确 2. 刀具安装不正确 3. 切削参数不正确	1. 检查工件安装，增加安装刚性 2. 调理刀具安装位置 3. 提高或降低切削速度
切削过程中刀具折断	1. 进给量过大 2. 切削深度过大 3. 切屑阻塞	1. 降低进给速度 2. 减小切削深度 3. 浇注充足冷却液及时排屑
表面粗糙度差	1. 切削速度过低 2. 切削液选用不合理 3. 刀具切削刃不锋利	1. 调高主轴转速 2. 选择正确的切削液，并充分喷注 3. 选择刀刃锋利刀具
铰孔孔径超差	1. 铰刀外径尺寸偏大或偏小 2. 切削速度过高过低，进给量不当 3. 加工余量过大 4. 铰刀不锋利或弯曲 5. 切削液选择不合适	1. 选择合适的铰刀 2. 选择合适的切削速度进给量 3. 减少加工余量 4. 更换铰刀 5. 选择合适切削液

7.9 课题小结

1. 教学策略：小组汇报、教师总结

通过小组汇报的方式，教师可以以小组为单位了解各组的工件完成情况及存在的问题，并有针对性地提出下一步的教学方案，对操作较好的学生提出改进意见，对技能情况掌握不理想的学生提出提高方案。

教师以本课题中提出的学习目标总结学生实际掌握的情况及存在的问题，为下一阶段的学习打下基础。

2. 课题考核

（1）考核方式：日常考核。

（2）考核要求：首先以课题提出的评分标准为一定的考核依据，同时配合学生实际操作中的不同阶段予以分别考核，如学生的操作规范、工件加工、零件检测等环节。

7.10　综合评价

1. 自我评价（表 7.13）

表 7.13　自我评价表

课题名称			课时				
课题自我评价成绩			任课教师				
类别	序号	自我评价项目	结果	A	B	C	D
编程	1	程序是否能顺利完成加工					
	2	程序是否满足零件的工艺要求					
	3	编程的格式及关键指令是否能正确使用					
	4	题目：你设计本程序的主要思路是什么？ 作答：					
工件刀具安装	1	刀具安装是否正确					
	2	工件安装是否正确					
	3	题目：安装刀具时需要注意的事项主要有哪些？ 作答：					
	4	题目：安装工件时需要注意的事项主要有哪些？ 作答：					
操作与加工	1	操作是否规范					
	2	着装是否规范					
	3	切削用量是否符合加工要求					
	4	题目：加工时需要注意的事项主要有哪些？ 作答：					
	5	题目：加工时经常出现的加工误差主要有哪些？ 作答：					

续表

<table>
<tr><th>类别</th><th>序号</th><th>自我评价项目</th><th>结果</th><th>A</th><th>B</th><th>C</th><th>D</th></tr>
<tr><td rowspan="3">精度检测</td><td>1</td><td>题目：是否了解本零件测量需要的各种量具的原理及使用？
作答：</td><td></td><td></td><td></td><td></td><td></td></tr>
<tr><td>2</td><td>题目：本零件精度检测的主要内容是什么？采用了何种方法？
作答：</td><td></td><td></td><td></td><td></td><td></td></tr>
<tr><td>3</td><td>题目：批量生产时，你将如何检测该零件的各项精度要求？
作答：</td><td></td><td></td><td></td><td></td><td></td></tr>
<tr><td colspan="4">（本部分综合成绩）合计：</td><td colspan="4"></td></tr>
<tr><td colspan="2">自我总结</td><td colspan="6"></td></tr>
<tr><td colspan="3">学生签字：
年 月 日</td><td colspan="5">指导教师签字：
年 月 日</td></tr>
</table>

2. 小组互评(表 7.14)

表 7.14 小组互评表

序号	小组评价项目	评价情况
1	是否尊重他人	
2	是否服从教师的教学安排和管理	
3	学习态度是否积极主动	
4	着装是否符合标准	
5	是否按照安全规范操作	
6	是否能正确地领会他人提出的学习问题	
7	是否合理规范地使用工具和量具	
8	是否能保持学习环境的干净整洁	
9	能否辨别工作环境中哪些是危险的因素	
10	团队学习中主动与合作的情况如何	

参与评价同学签名：

年 月 日

3. 教师评价

教师总体评价：

教师签字：____________

年　　月　　日

模块 8

复杂零件加工训练

学习目的

(1) 掌握复杂零件的加工工艺编制；
(2) 能够编制复杂零件的加工程序；
(3) 能够根据图纸合理作出刀具的清单，满足加工要求；
(4) 掌握零件尺寸精度的检测方法。

学习要求

(1) 独立完成复杂零件的编程与加工；
(2) 根据图纸合理作出刀具的清单，选择合理的切削参数；
(3) 正确规范操作机床和使用工量具，加工质量符合图纸要求；
(4) 养成良好的职业习惯。

学习重点和难点

(1) 学习复杂零件的加工工艺编制；
(2) 学习复杂零件的加工程序编制；
(3) 学习复杂零件的精度控制和检测。

教学策略

课堂讲授＋现场演练，讲授法、演练法、互动法。

复杂零件的加工工艺和加工程序编制通过讲授法进行讲解，在讲解过程中给出案例展示，通过案例展示引导学生对复杂零件加工进行讨论，随后教师给出部分问题供学生思考并完成，根据学生对问题的完成情况教师进行点评和总结。

教师课前准备

1. 教学用具

授课计划、纸质及电子教案、课件、黑板、粉笔、多媒体设备、实物样件等。

2. 教学管理物品

实训过程记录表、实训成绩评价标准、实训报告评分标准、实训室使用记录表、仪器设备维护保养卡等。

3. 检查实训设备

开机前检查机床外观各部位是否存在异常,如防护罩、脚踏板等部位;检查机床润滑油液及冷却液是否充足;检查电、气是否达到开机要求,检查主轴、工作台、夹具上是否有异物;检查机床面板各旋钮状态;开机后检查机床是否存在报警并完成返回机床参考点操作,操作环境温度较低的情况下,必须进行暖机 3~5min。

4. 训练用具(表 8.1)

表 8.1 训练用具清单

序号	类别	名称	规格	数量	备注
1	材料	LY12	75mm×75mm×30mm	1 件	
2	刀具	高速钢立铣刀 中心钻 钻头 铰刀	ϕ12mm、ϕ8mm ϕ3mm ϕ7.8mm ϕ8H7mm	各 1 支	
3	夹具	精密平口虎钳	0~300mm	1 台	
4	量具	游标卡尺	1~150mm	1 把	
		千分尺	0 ~ 25mm、25 ~ 50mm、50 ~ 75mm	各 1 把	
		深度千分尺	0~25mm	1 把	
		内测千分尺	5~30mm	1 把	
5	工具	铣夹头		2 个	
		钻夹头		1 个	
		弹簧夹套	ϕ12mm、ϕ8mm	各 1 个	与刀具配套
		平行垫铁		1 副	
		油石		1 块	

学生课前准备

(1) 理论知识点准备:数控加工工艺方案合理性的分析方法,切削刀具的选用原则,装配图和零件图的识读方法,互换性与测量技术相关知识,常用量具的使用方法。

(2) 技能知识点准备:能够独立操作加工中心机床完成零件的加工。

(3) 教材及学习用具:本教材、学习笔记、笔、计算器。

(4) 衣着准备:工作服、工作帽、工作鞋。

本模块学习过程如图 3.1 所示。

学习导入

(1) 由检查、提问旧知识导入：通过案例及实物展示的方式引导学生提问，激发学生回忆已经学过的相关知识并回答引入问题。

(2) 由生动的实例导入：通过展示动画的方式引导学生思考教师设置的问题，并给出自己的观点及想法。

8.1 图样与评分标准

图样见图 8.1，对应的评分标准见表 8.2。

表 8.2 复杂零件检测项目及评分表(配分 100 分) 实得分________

序号	项目及技术要求		配分	评分标准	检测结果	得分
1	轮廓尺寸	74±0.02(2 处)	8	超差不得分		
2		$46_{-0.09}^{-0.05}$	4	超差不得分		
3		$28_{-0.09}^{-0.05}$(2 处)	8	超差不得分		
4		$16_{-0.09}^{-0.05}$	4	超差不得分		
5		$66_{0}^{+0.05}$(2 处)	8	超差不得分		
6		$68_{-0.04}^{0}$	4	超差不得分		
7		$70_{-0.04}^{0}$(含椭圆线)	4	超差不得分		
8		$62_{0}^{+0.05}$	4	超差不得分		
9		$50_{0}^{+0.05}$	4	超差不得分		
10		$10_{0}^{+0.05}$	4	超差不得分		
11		$9_{0}^{+0.04}$	4	超差不得分		
12		$10_{0}^{+0.04}$	4	超差不得分		
13	深度尺寸	$13_{0}^{+0.1}$	2	超差不得分		
14		$7_{0}^{+0.05}$	3	超差不得分		
15		$8_{0}^{+0.05}$	3	超差不得分		
16		$6_{0}^{+0.05}$	3	超差不得分		
17		$12_{0}^{+0.08}$	3	超差不得分		
18		28±0.1	2	超差不得分		
19	孔尺寸	$\phi 8_{0}^{+0.022}$(2 处)	2	超差不得分		
20		$\phi 16_{0}^{+0.04}$	2	超差不得分		
21		31±0.05	2	超差不得分		
22		12(2 处)	2	超差±1mm 不得分		
23	表面粗糙度	*Ra*1.6(2 处)	1	超差不得分		
24		*Ra*3.2	4	超差一处扣 0.5 分		
25	其他	整体完成	4	超差一处扣 0.5 分		
26		棱边倒钝	2	未倒钝全扣		
27		文明生产	5	违规操作全扣		

其余 3.2
椭圆线(a=50, b=35)
37° 2′41″
φ36
4×R5
B向
A向
2×R8
4×R3
2×R5
2×R8
2×R5
2×R5
R10
R1
C2
R4.5
2×φ8 深10mm
a：X21.190　Y−8.944
b：X11.977　Y−5.056
c：X5.0　Y−12.0
技术要求
1. 锐边倒钝；
2. 未注公差尺寸允差为±0.15mm。
制图
校核
复杂零件
比例
材料
LY12
加工中心高级技能训练图(8)

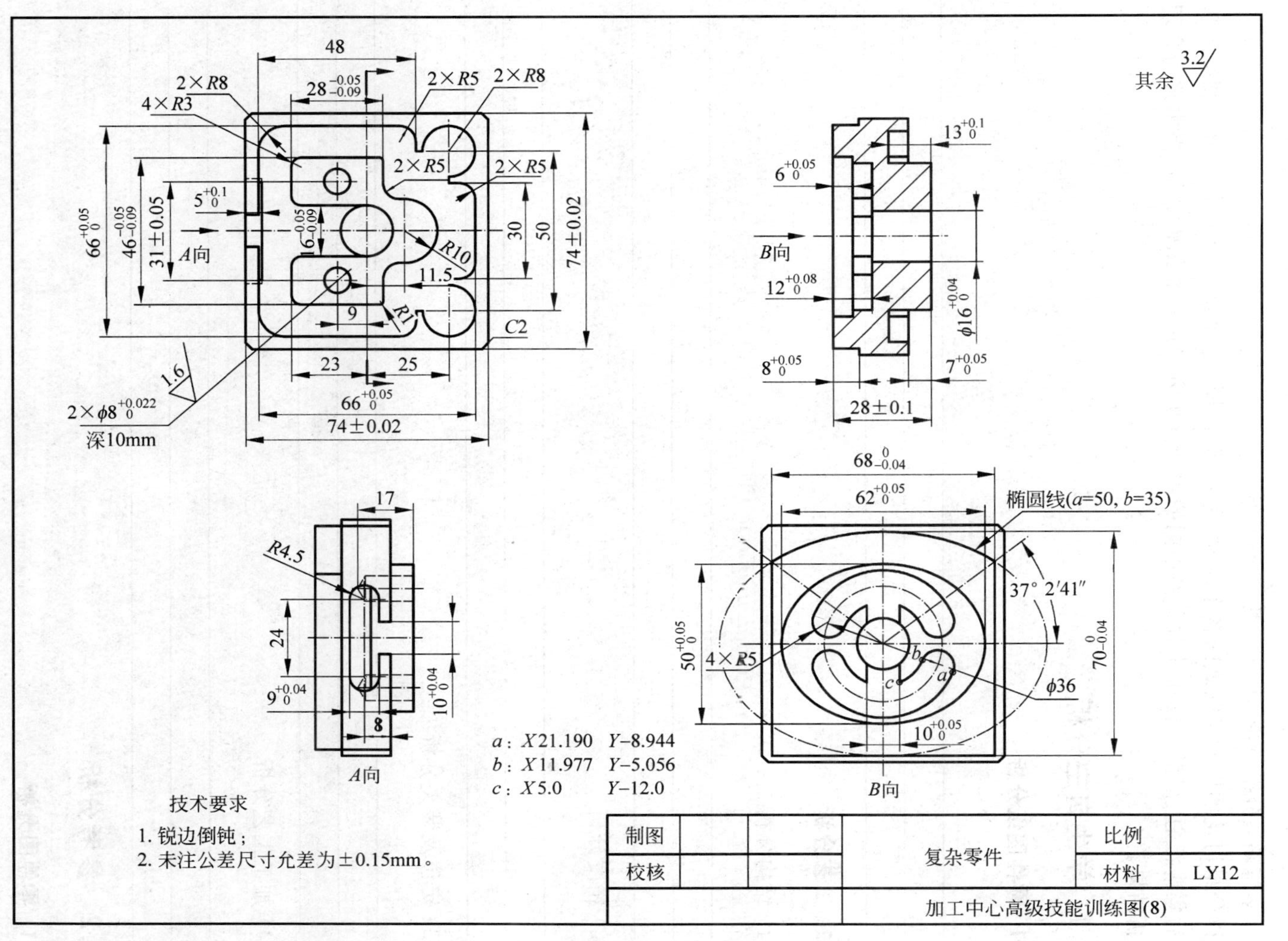

图 8.1　复杂零件训练图

8.2 图纸分析

教学策略：分组讨论、小组汇报、教师总结。

以分组讨论的形式对图纸的各个尺寸、重要部位进行合理分析，小组得出统一图纸分析方案后集中汇总、汇报。教师针对多种不同的图纸分析方案进行总结性分析，提出较为合理的分析结果。

8.2.1 学生自主分析

1. 零件图纸分析

____

____

____

2. 工艺分析

1）结构分析

____

____

____

2）精度分析

____

____

____

3）定位及装夹分析

____

____

____

4）加工工艺分析

____

____

____

8.2.2 参考分析

1. 零件图分析

图 8.1 复杂零件训练图，该零件主体是(74±0.02)mm×(74±0.02)mm，倒角为 $C2$ 的方；中心是 $\phi16^{+0.04}_{0}$mm 通孔；在方的正面有由 $66^{+0.05}_{0}$mm×$66^{+0.05}_{0}$mm 和两个 $R8$mm 的优弧为主要尺寸构成深 6mm 的凹槽；从凹槽底面起有由 $46^{-0.05}_{-0.09}$mm、$28^{-0.05}_{-0.09}$ mm、$16^{-0.05}_{-0.09}$ mm 和

$R10$mm 为主要尺寸构成的高 $13^{+0.1}_{0}$mm 凸台；顶面有两 $\phi8^{+0.022}_{0}$mm 孔，孔距(31 ± 0.1)mm，深 10mm；在方的反面有由 $70^{0}_{-0.04}$mm 和 $68^{0}_{-0.04}$mm 为主要尺寸构成的高 $8^{+0.05}_{0}$mm 凸台；中心是长轴为 $62^{+0.05}_{0}$mm，短轴为 $50^{+0.05}_{0}$mm，深 $6^{+0.05}_{0}$mm 的椭圆槽；在椭圆槽中有距顶面深 $12^{+0.08}_{0}$mm，宽 $10^{+0.05}_{0}$mm 环形槽；在 A 向视图有由 $10^{+0.04}_{0}$ mm 和 $9^{+0.04}_{0}$ mm 构成深 $5^{+0.1}_{0}$mm 的开放键槽。零件形状复杂，加工精度较高，加工时应重点考虑，其他自由尺寸以图纸要求加工。

2. 工艺分析

1) 毛坯选择

依据图纸，材料选择硬铝，毛坯尺寸 75mm×75mm×30mm。

2) 结构分析

在零件上存在外形、腔槽、孔和椭圆曲线等结构，用三轴机床加工须三次装夹才能完成零件的加工。在加工时要合理安排加工工艺，重点考虑装夹、编程、切削用量等工艺问题。

3) 精度分析

在零件上存在外形、腔槽、孔和椭圆曲线等结构。外形轮廓和槽公差最高为 0.04mm，特别是由 $46^{-0.05}_{-0.09}$mm、$28^{-0.05}_{-0.09}$ mm、$16^{-0.05}_{-0.09}$ mm 和 $R10$mm 为主要尺寸构成的高 $13^{+0.1}_{0}$mm 凸台尺寸的公差范围，通过合理安排工艺，正确设置半径补偿值保证零件加工精度；孔精度是 H8 级，采用钻和铰的加工方法，用 $\phi8$H7mm 铰刀铰孔即可；零件加工关键点是椭圆轮廓的加工，须采用宏编程来满足加工要求。

4) 定位及装夹分析

(1) 装夹：工件的装夹方法直接影响零件的加工精度和加工效率，必须根据图纸认真考虑。该复杂零件毛坯为方形材料，可采用精密平口钳和垫铁配合使用来完成零件装夹，见图 4.3，工件装夹高度由垫铁调整，轻夹工件，用木锤轻敲工件上表面，检查工件和垫铁接触状态，然后夹紧工件，工件装夹完成。

(2) 定位：单个零件定位时可采用光电式寻边器、机械式寻边器、定位心轴和杠杆百分表，利用机床位置显示功能，确定零点，零点的位置要与编程零点位置一致，尽可能与设计基准重合。

根据零件图分析，首先采用试切法将零件工作坐标系原点 X、Y 轴设置在零件的中心，Z 轴设置在零件的上表面。翻面加工时使用杠杆百分表找正定位，同样将零件工作坐标系原点 X、Y 轴设置在零件的中心，Z 轴设置在零件的上表面。

5) 加工工艺分析

经过以上分析，考虑到零件的结构和精度，零件加工时顺序是先加工复杂零件反面，然后加工正面，最后加工 A 向键槽。

8.3 工艺规程设计

教学策略：分组讨论、小组汇报、教师总结。

以分组讨论的形式对零件提出整体的加工方案，小组得出统一方案后集中汇总、汇报。教师针对多种不同的加工方案进行分析，并提出较为合理的工艺路线。

8.3.1 学生自主设计

1. 刀具选择(表 8.3)

表 8.3 刀具卡片

刀具名称	刀具规格	材料	数量	刀具用途	备注

2. 切削参数选择(表 8.4)

表 8.4 切削参数卡片

刀具	切削速度 v/(mm/min)	每刃进给量 f/(mm/刃)	主轴转速 S/(r/min)	进给速度 F/(mm/min)	备注

3. 工艺规程安排(表 8.5)

表 8.5 工序卡片(可附表)

<table>
<tr><td colspan="2">单位</td><td colspan="2">产品名称及型号</td><td colspan="2">零件名称</td><td>零件图号</td></tr>
<tr><td colspan="2"></td><td colspan="2"></td><td colspan="2"></td><td></td></tr>
<tr><td>工序号</td><td>程序编号</td><td colspan="2">夹具名称</td><td colspan="2">使用设备</td><td>工件材料</td></tr>
<tr><td></td><td></td><td colspan="2"></td><td colspan="2"></td><td></td></tr>
<tr><td>工步</td><td>工步内容</td><td>刀号</td><td>切削用量</td><td>备注</td><td colspan="2">工序简图</td></tr>
<tr><td></td><td></td><td></td><td></td><td></td><td colspan="2"></td></tr>
<tr><td></td><td></td><td></td><td></td><td></td><td colspan="2"></td></tr>
<tr><td></td><td></td><td></td><td></td><td></td><td colspan="2"></td></tr>
</table>

8.3.2 参考分析

1. 刀具选择

工件材料为硬铝,刀具选择刃口锋利、直线度好、精度高的 ϕ8mm 和 ϕ12mm 高速钢立铣刀加工各轮廓尺寸,选用刀具情况见表 8.6 所示。

表 8.6　刀具卡片

刀具名称	刀具规格	材料	数量	刀具用途	备注
立铣刀	ϕ12mm	高速钢	1	平面加工，轮廓加工	
立铣刀	ϕ8mm	高速钢	1	轮廓、形槽加工等	
中心钻	ϕ3mm	高速钢	1	钻中心孔	
麻花钻	ϕ7.8mm	高速钢	1	钻孔	
铰刀	ϕ8H7mm	高速钢	1	铰 ϕ8H7mm 孔	

2. 切削参数选择

根据加工对象的材质，刀具的材质和规格，从金属切削参数书籍中查找刀具线速度、单刃切削量，确定选用刀具的转速、进给速度，也可根据积累的加工经验确定。参考切削参数见表 8.7。

表 8.7　切削参数卡片

刀具	切削速度 v/(mm/min)	每刃进给量 f/(mm/刃)	主轴转速 S/(r/min)	进给速度 F/(mm/min)	备注
ϕ12mm 立铣刀	50	0.04	1300	210	粗加工
	80	0.035	2100	300	精加工
ϕ8mm 立铣刀	40	0.03	1600	200	粗加工
	60	0.03	2400	280	精加工
ϕ3mm 中心钻	30	0.03	3200	200	
ϕ7.8mm 钻头	30	0.05	1200	120	
ϕ8H7mm 铰刀	8	0.05	400	100	

3. 切削深度 a_p

切削深度在粗加工时主要受机床和刀具刚度的限制，一般情况下，径向切削量较大时切削深度取 0.5 倍 $D_{刀}$，否则切削深度可较大一些。

该零件材料为合金铝，根据零件结构特征，选用 ϕ12mm 立铣刀粗加工时，不须分层加工；选用 ϕ8mm 立铣刀粗加工槽深度大于 5mm 槽时，加工量较大，考虑到刀具的强度，加工时建议分层加工。

4. 工艺规程安排

从图纸分析，考虑到零件的结构和精度，零件加工时顺序是先加工复杂零件反面，然后加工正面，最后加工 A 向键槽，零件加工工艺安排如表 8.8 所示。

表 8.8 复杂零件工序卡片

单位		产品名称及型号		零件名称	零件图号
				复杂零件	
工序	程序编号	夹具名称		使用设备	工件材料
1		精密平口钳		VMC850	LY12
工步	工步内容	刀号	刀具及切削用量	备注	工序简图
1	铣平面，工件坐标系设置在上表面中心	T01	ϕ12mm 立铣刀 $S=2100$r/min $F=300$mm/min		
2	粗铣由 $70_{-0.04}^{0}$ mm 和 $68_{-0.04}^{0}$ mm 为主要尺寸构成的高 $8_{0}^{+0.05}$ mm 凸台，留余量 0.2mm	T01	ϕ12mm 立铣刀 $S=1300$r/min $F=210$mm/min $a_p=7.8$mm		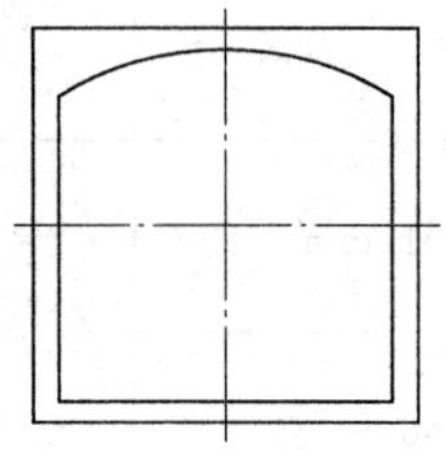
3	粗铣(74±0.02)mm×(74±0.02)mm 方，深 22mm，留余量 0.2mm	T01	ϕ12mm 立铣刀 $S=1300$r/min $F=210$mm/min $a_p=22$mm		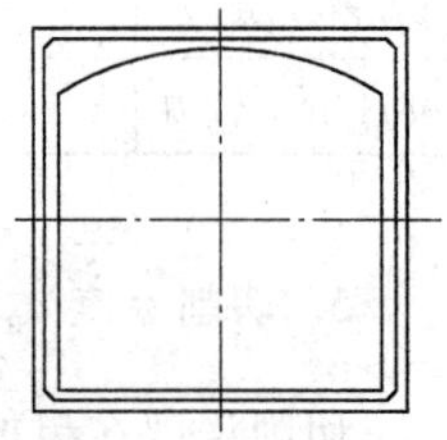
4	粗铣长轴为 $62_{0}^{+0.05}$ mm，短轴为 $50_{0}^{+0.05}$ mm，深 $6_{0}^{+0.05}$ mm 的椭圆槽，留余量 0.2mm	T01	ϕ12mm 立铣刀 $S=1300$r/min $F=210$mm/min $a_p=5.8$mm		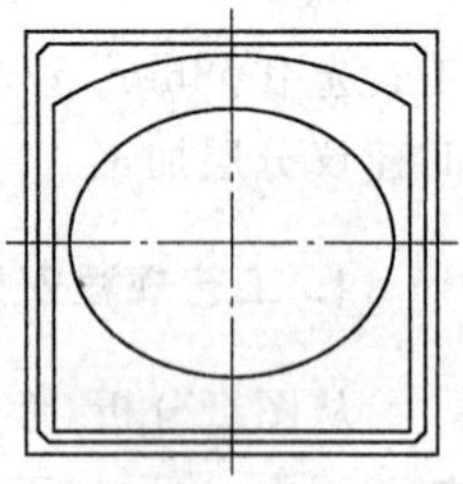

续表

工步	工步内容	刀号	刀具及切削用量	备注	工序简图
5	粗铣距顶面深 $12^{+0.08}_{0}$ mm，宽 $10^{+0.05}_{0}$ mm 环形槽，留余量 0.2mm	T02	ϕ8mm 立铣刀 S=1600r/min F=200mm/min a_p=3mm	分层铣削	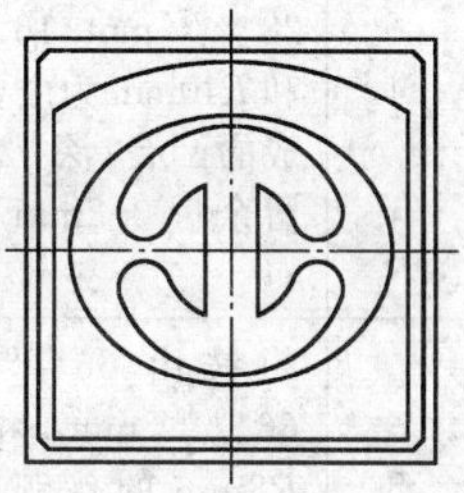
6	半精、精铣由 $70^{0}_{-0.04}$ mm 和 $68^{0}_{-0.04}$ mm 为主要尺寸构成的高 $8^{+0.05}_{0}$ mm 凸台至尺寸	T02	ϕ8mm 立铣刀 S=2400r/min F=300mm/min a_p=8mm		
7	半精、精铣(74±0.02)mm×(74±0.02)mm 方，深 22mm 至尺寸	T02	ϕ8mm 立铣刀 S=2400r/min F=300mm/min a_p=22mm		
8	半精、精铣长轴为 $62^{+0.05}_{0}$ mm，短轴为 $50^{+0.05}_{0}$ mm，深 $6^{+0.05}_{0}$ mm 的椭圆槽至尺寸	T02	ϕ8mm 立铣刀 S=2400r/min F=300mm/min a_p=6mm		
9	半精、精铣距顶面深 $12^{+0.08}_{0}$ mm，宽 $10^{+0.05}_{0}$ mm 环形槽至尺寸	T02	ϕ8mm 立铣刀 S=2400r/min F=300mm/min a_p=12mm		
工序	程序编号		夹具名称	使用设备	工件材料
2			精密平口钳	VMC850	LY12
工步	工步内容	刀号	刀具及切削用量	备注	工序简图
1	铣平面，保证总高(28±0.1)mm 尺寸	T01	ϕ12mm 立铣刀 S=2100r/min F=300mm/min		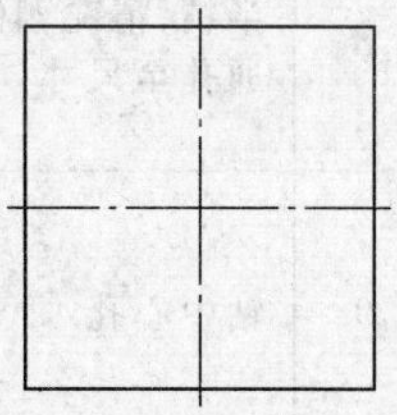
2	粗铣由 $46^{-0.05}_{-0.09}$ mm、$28^{-0.05}_{-0.09}$ mm、$16^{-0.05}_{-0.09}$ mm 和 R10mm 为主要尺寸构成的凸台周边余量，深 $7^{+0.05}_{0}$ mm	T01	ϕ12mm 立铣刀 S=1300r/min F=210mm/min a_p=6.8mm		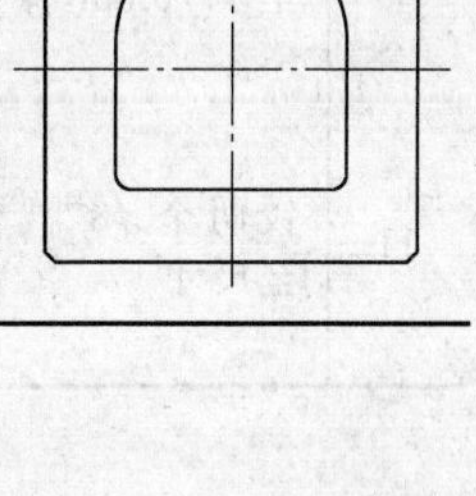

续表

工步	工步内容	刀号	刀具及切削用量	备注	工序简图
3	粗铣 $\phi16^{+0.04}_{0}$ mm 通孔，留余量 0.2mm	T01	ϕ12mm 立铣刀 S=1300r/min F=210mm/min a_p=8mm	分层铣削	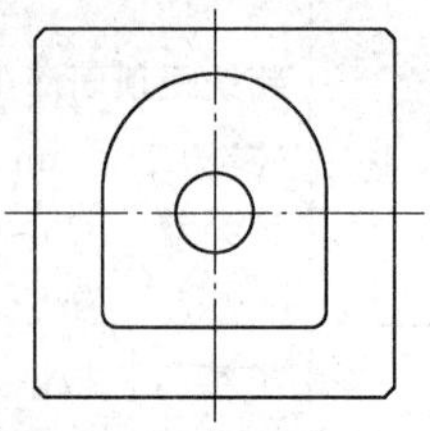
4	粗铣由 $46^{-0.05}_{-0.09}$ mm、$28^{-0.05}_{-0.09}$ mm、$16^{-0.05}_{-0.09}$ mm 和 R10mm 为主要尺寸构成的凸台，深 $13^{+0.1}_{0}$ mm，留余量 0.2mm	T02	ϕ8mm 立铣刀 S=1600r/min F=200mm/min a_p=4mm	分层铣削	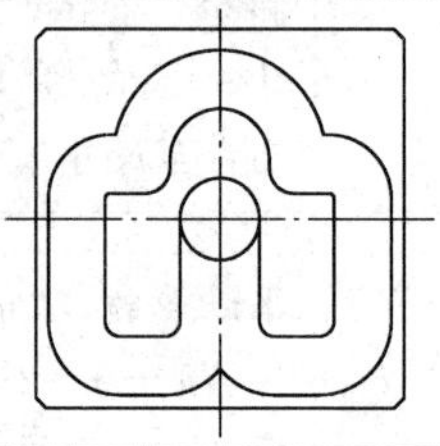
5	粗铣由 $66^{+0.05}_{0}$ mm × $66^{+0.05}_{0}$ mm 和两个 R8mm 的优弧为主要尺寸构成深 6mm 的凹槽，留余量 0.2mm	T02	ϕ8mm 立铣刀 S=1600r/min F=200mm/min a_p=3mm	分层铣削	
6	半精、精铣由 $46^{-0.05}_{-0.09}$ mm、$28^{-0.05}_{-0.09}$ mm、$16^{-0.05}_{-0.09}$ mm 和 R10mm 为主要尺寸构成的凸台，深 $13^{+0.1}_{0}$ mm 至尺寸	T02	ϕ8mm 立铣刀 S=2400r/min F=300mm/min a_p=13mm		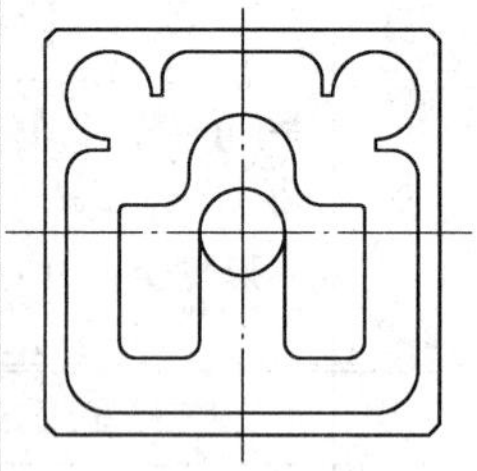
7	半精、精铣由 $66^{+0.05}_{0}$ mm × $66^{+0.05}_{0}$ mm 和两个 R8mm 的优弧为主要尺寸构成深 6mm 的凹槽至尺寸	T02	ϕ8mm 立铣刀 S=2400r/min F=300mm/min a_p=6mm		
8	半精、精铣 $\phi16^{+0.04}_{0}$ mm 通孔至尺寸	T02	ϕ8mm 立铣刀 S=2400r/min F=300mm/min a_p=23mm		
9	钻中心孔	T03	ϕ3mm 中心钻 S=3200r/min F=200mm/min		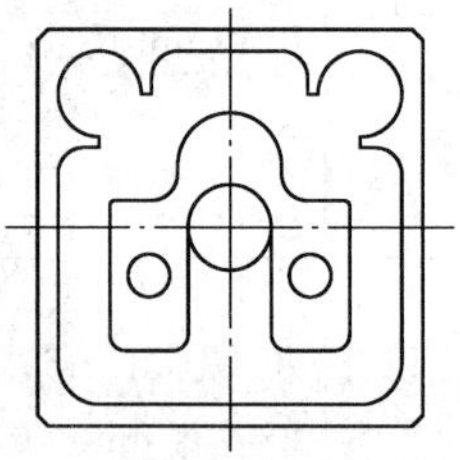
10	钻两个 $\phi8^{+0.022}_{0}$ mm 孔至 ϕ7.8mm，深 14mm	T04	ϕ7.8mm 麻花钻 S=1200r/min F=120mm/min		
11	铰两个 $\phi8^{+0.022}_{0}$ mm 孔至尺寸	T05	ϕ8H7 铰刀 S=400r/min F=100mm/min		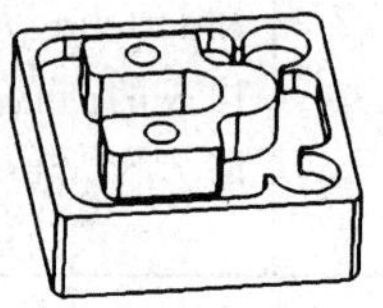

续表

工序	程序编号	夹具名称		使用设备	工件材料
3		精密平口钳		VMC850	LY12
工步	工步内容	刀号	刀具及切削用量	备注	工序简图
1	粗铣由 $10^{+0.04}_{0}$ mm 和 $9^{+0.04}_{0}$ mm构成深 $5^{+0.1}_{0}$ mm的开放键槽，留量0.2mm	T02	ϕ8mm立铣刀 S=1600r/min F=160mm/min a_p=4.8mm		
2	半精、精铣由 $10^{+0.04}_{0}$ mm和 $9^{+0.04}_{0}$ mm构成深 $5^{+0.1}_{0}$ mm的开放键槽至尺寸	T02	ϕ8mm立铣刀 S=2400r/min F=300mm/min a_p=5mm		

8.4 程序编制

教学策略：讲授法、提问法、反馈强化。

对复杂零件加工编程技巧进行详细的讲解，对刀具选择和切削用量的给定都要逐一讲解。

8.4.1 参考编程

1. 复杂零件反面加工程序

O1；(铣平面程序)

行号	程　序	解　释
N1	S2100M03	给定主轴转速
N2	G91G01X－90F300	给定 X 的增量坐标以及进给速度
N3	Y10	给定 Y 的增量坐标
N4	X90	
N5	Y10	
N6	M99	返回主程序

O2；(铣由 $70_{-0.04}^{0}$ mm和 $68_{-0.04}^{0}$ mm为主要尺寸构成的高 $8^{+0.05}_{0}$ mm凸台程序)

行号	程　序	解　释
N1	G90G54G00X45Y45 S1300M03	定位起始点
N2	G43H1Z100	调用刀具长度，定位安全高度
N3	Z5M08	
N4	G01Z－8F210	
N5	G41D1X34	建立刀具半径补偿
N6	Y－35	
N7	X－34	

续表

行号	程　　序	解　　释
N8	Y45	
N9	G40X－45	
N10	＃1＝145	设角度为自变量，赋初始值为 145°
N11	WHILE[＃1 GE 35] D01	循环语句，设定条件式，角度大于等于 35°
N12	＃2＝45＊COS[＃1]	计算椭圆曲线 X 值
N13	＃3＝35＊SIN[＃1]	计算椭圆曲线 Y 值
N14	G01G41D1X＃2Y＃3	铣削椭圆线
N15	＃1＝＃1－0.5	角度递减 0.5°
N16	END 1；	循环 1 结束
N17	G00Z100	快速定位到安全高度
N18	G40X45Y45	取消刀具半径补偿
N19	M30	程序结束

O3；(铣(74±0.02)mm×(74±0.02)mm，倒角为 $C2$ 方程序)

行号	程　　序	解　　释
N1	G90G54G00X45Y45 S1300M03	定位起始点
N2	G43H1Z100	调用刀具长度，定位安全高度
N3	Z5M08	
N4	G01Z－22F210	
N5	G41D01X37	建立刀具半径补偿
N6	Y－37，C2	
N7	X－37，C2	
N8	Y37，C2	
N9	X35	
N10	X38Y34	
N11	G00Z100	
N12	G01G40X48	取消刀具半径补偿
N13	M30	

O4；(铣长轴为 $62^{+0.05}_{0}$ mm，短轴为 $50^{+0.05}_{0}$ mm，深 $6^{+0.05}_{0}$ mm 椭圆槽程序)

行号	程　　序	解　　释
N1	＃4＝0	设角度为自变量，赋初始值为 0°
N2	＃5＝6.2	给＃5 赋值为刀具半径＋余量
N3	G90G54G00X0Y0S1300M3；	
N4	G43Z100H1；	刀具长度补偿 H1
N5	Z5M08	快速接近至 Z5.0 平面
N6	G01 Z－6F50	下切至 Z－6mm
N7	WHILE[＃4 LE 360] D01	循环语句，设定条件，角度小于等于 360°
N8	＃6＝[31－＃5]＊COS[＃4]	计算椭圆曲线 X 值
N9	＃7＝[25－＃5]＊SIN[＃4]	计算椭圆曲线 Y 值
N10	G01X＃6Y＃7F210	铣削椭圆曲线
N11	＃4＝＃4＋0.5	角度递增 0.5°
N12	END 1	循环 1 结束
N13	G00 Z100	提刀至安全高度
N14	M30	程序结束

续表

O5；（铣距顶面深 $12^{+0.08}_{0}$mm，宽 $10^{+0.05}_{0}$mm 环形槽程序）		
行号	程　　序	解　　释
N1	G90G54G00X0Y0 S1600M03	定位起始点
N2	G43H2Z100	调用刀具长度，定位安全高度
N3	Z5M08	
N4	#10=9	赋第一层加工深度值
N5	WHILE[#10 LE 12] D01	循环语句，设定条件，#10 小于等于 12mm
N6	G01Z-#10 F50	
N7	G41D2X5F200	建立刀具半径补偿
N8	Y12	
N9	G02X11.977Y5.056R13	
N10	G03X21.19Y8.944R5	
N11	G03X-21.19 R23	
N12	G03X-11.977Y5.056R5	
N13	G02X-5Y12R13	
N14	G01Y-12	
N15	G02X-11.977Y-5.056R13	
N16	G03X-21.19Y-8.944R5	
N17	G03X21.19 R23	
N18	G03X11.977Y-5.056R5	
N19	G02X5Y-12R13	
N20	G01Y0	
N21	G40X0	取消刀具半径补偿
N22	#10=#10+3	深度递增 3mm
N23	END 1	循环 1 结束
N24	G00Z100	快速定位到安全高度
N25	M30	程序结束

2. 复杂零件正面加工程序

O6；（铣由 $46^{-0.05}_{-0.09}$mm 和 $28^{-0.05}_{-0.09}$ mm 为主要尺寸构成的凸台周边余量，深 $7^{+0.05}_{0}$mm 程序）		
行号	程　　序	解　　释
N1	G90G54G00X45Y-45 S1300M03	定位起始点
N2	G43H1Z100	调用刀具长度，定位安全高度
N3	Z5M08	
N4	G01Z-7F200	
N5	G41D1Y-23	建立刀具半径补偿
N6	X-23,R3	
N7	Y5	
N8	G02X23R23	
N9	G01Y-20	
N10	G02X20Y-23R3	

续表

行号	程　　序	解　　释
N11	G00Z100	快速定位到安全高度
N12	G40X45Y－45	取消刀具半径补偿
N13	M30	程序结束

O7；(铣 ϕ16 的圆程序)

行号	程　　序	解　　释
N1	G90G54G00X45Y－45 S1300M03	定位起始点
N2	G43H1Z100	调用刀具长度，定位安全高度
N3	Z5M08	
N4	＃11＝5	赋第一层加工深度值
N5	WHILE[＃11 LE 23] D01	循环语句，设定条件，＃11 小于等于 23mm
N6	G01Z－＃11F50	
N7	G41D1X8F200	建立刀具半径补偿
N8	G03I－8J0	
N9	G40G01X0	取消刀具半径补偿
N10	＃11＝＃11＋6	深度递增 6mm
N11	END 1	循环 1 结束
N12	G00Z100	快速定位到安全高度
N13	M30	程序结束

O8；(铣由 $46_{-0.09}^{-0.05}$mm、$28_{-0.09}^{-0.05}$ mm 和 $16_{-0.09}^{-0.05}$ mm 为主要尺寸构成的高 $13_{0}^{+0.1}$mm 凸台程序)

行号	程　　序	解　　释
N1	G90G54G00X0Y0 S1600M03	定位起始点
N2	G43H2Z100	调用刀具长度，定位安全高度
N3	Z5M08	
N4	＃12＝5	赋第一层加工深度值
N5	WHILE[＃12 LE 13] D01	循环语句，设定条件，＃12 小于等于 13mm
N6	G01Z－＃11F200	
N7	G41D2X－8	建立刀具半径补偿
N8	Y－23，R3	
N9	X－23，R3	
N10	Y5，R1	
N11	X－15	
N12	G03X－10Y10R5	
N13	G02X10R10	
N14	G03X15Y5R5	
N15	G01X23，R1	
N16	Y－23，R3	
N17	X8，R3	
N18	Y0	
N19	G03X－8Y0R8	
N20	G40G01X0	取消刀具半径补偿
N21	＃12＝＃12＋4	深度递增 4mm
N22	END 1	循环 1 结束

续表

行号	程　　序	解　　释
N23	G00Z100	快速定位到安全高度
N24	M30	程序结束

O9；(铣由 $66^{+0.05}_{0}$ mm×$66^{+0.05}_{0}$ mm 和两个 R8mm 的优弧为主要尺寸构成深 6mm 凹槽程序)

行号	程　　序	解　　释
N1	G90G54G00X0Y－45 S1600M03	定位起始点
N2	G43H2Z100	调用刀具长度，定位安全高度
N3	Z5M08	
N4	＃13＝10	赋第一层加工深度值
N5	WHILE[＃13 LE 13] D01	循环语句，设定条件，＃13 小于等于 13mm
N6	G01Z－＃13F200	
N7	G41D2Y－33	建立刀具半径补偿
N8	X33，R8	
N9	Y15，R5	
N10	X25	
N11	Y17	
N12	G03X17Y25R－8	
N13	G01X15	
N14	Y33，R5	
N15	X－15，R5	
N16	Y25	
N17	X－17	
N18	G03X－25Y17R8	
N19	G01Y15	
N20	X－33，R5	
N21	Y－33，R8	
N22	X0	
N23	G40Y－45	取消刀具半径补偿
N24	＃13＝＃13＋3	深度递增 3mm
N25	END 1	循环 1 结束
N26	G00Z100	快速定位到安全高度
N27	M30	

O10；(钻中心孔程序)

行号	程　　序	解　　释
N1	G90G54G00X－15.5Y－9 S3200M03	定位起始点
N2	G43H3Z100	调用刀具长度，定位安全高度
N3	G81R2Z－3F200	
N4	X15.5	
N5	G80	
N6	G00Z100	提刀到安全高度
N7	M30	

续表

O11；(钻 $\phi8^{+0.022}_{0}$ mm 孔至 $\phi7.8$mm 程序)

行号	程　　序	解　　释
N1	G90G54G00X－15.5Y－9 S1200M03	定位起始点
N2	G43H4Z100	调用刀具长度,定位安全高度
N3	G83R2Z－14Q2F120	
N4	X15.5	
N5	G80	
N6	G00Z100	提刀到安全高度
N7	M30	

O12；(铰 $\phi8^{+0.022}_{0}$ mm 孔程序)

行号	程　　序	解　　释
N1	G90G54G00X－15.5Y－9 S400M03	定位起始点
N2	G43H5Z100	调用刀具长度,定位安全高度
N3	G81R2Z－10F100	
N4	X15.5	
N5	G80	
N6	G00Z100	提刀到安全高度
N7	M30	

3. 复杂零件 *A* 向加工程序

O13；(铣由 $10^{+0.04}_{0}$ mm 和 $9^{+0.04}_{0}$ mm 构成深 $5^{+0.1}_{0}$mm 的开放键槽程序)

行号	程　　序	解　　释
N1	G90G54G00X0Y－10 S1600M03	定位起始点
N2	G43H2Z100	调用刀具长度,定位安全高度
N3	Z5M08	
N4	G01Z－5F150	
N5	G41D2X5	建立刀具半径补偿
N6	Y3.5	
N7	X12	
N8	G03Y12.5R4.5	
N9	G01X－12	
N10	G03Y3.5R4.5	
N11	X－5G01	
N12	Y－10	
N13	G40X0	取消刀具半径补偿
N14	G00Z100	提刀到安全高度
N15	M30	程序结束

8.4.2 学生自主编程

学生独立完成程序编写,选择相应的加工方式并设置切削参数,填写表 8.9 加工程序清单。

表 8.9 加工程序清单

序号	程序号	刀具	刀具号	刀具长度补偿号	备注

8.5 加工前准备

1. 机床准备(表 8.10)

表 8.10 机床准备卡片

	机械部分				电器部分		数控系统部分			辅助部分	
设备检查	主轴部分	进给部分	刀库部分	润滑部分	主电源	冷却风扇	电器元件	控制部分	驱动部分	冷却	润滑
检查情况											
注：经检查后该部分完好，在相应项目下打“√”；若出现问题及时报修。											

2. 工件安装

(1) 精密平口虎钳安装牢固，位置方向要正确。
(2) 工件夹紧力适当，安装牢固。
(3) 工件安装的高度正确，夹具不能与刀具发生干涉。
(4) 工作坐标系设定要正确。

3. 刀具安装及加工参数设置

(1) 铣刀伸出长度尽可能地短，以增加刀具的刚性。
(2) 安装的刀具号要对应好。
(3) 刀具的补偿数值应输入在与程序中该刀具相对应的刀补号中。

8.6 实际零件加工

1. 教师演示

(1) 工件的装夹、找正及坐标系设置。
(2) 刀具的准备、安装及参数设置。
(3) 加工程序的编制和程序输入。

(4) 加工过程中的切削用量的调整。

2. 学生加工训练

训练过程中，指导教师巡回指导，及时纠正不正确的操作姿势、解决学生练习中出现的各种问题。

8.7 零件测量

教学策略：讲授法、互动法。

零件的加工质量的高低，取决于加工尺寸与零件图纸的符合度，取决于零件尺寸测量的准确度。在对加工零件测量时采用讲授法将量具的选择、校正及测量的方法再次提出，以便加深学生的印象；实际测量中可以采用同组学生互测、教师抽测的方法，检测零件的加工质量，积累测量经验，提高学生的质量意识。

8.7.1 参考检测工艺

1. 检测(74±0.02)mm、$70_{-0.04}^{0}$mm 和 $68_{-0.04}^{0}$mm 尺寸

用0.01精度的50～75mm外径千分尺测量该尺寸3个不同位置，根据测量结果和被测尺寸的公差要求判断是否合格。

2. 检测 $46_{-0.09}^{-0.05}$mm 和 $28_{-0.09}^{-0.05}$mm 尺寸

用0.01精度的25～50mm外径千分尺测量该尺寸3个不同位置，根据测量结果和被测尺寸的公差要求判断是否合格。

3. 检测 $20_{-0.053}^{-0.02}$mm、$22_{-0.06}^{-0.01}$mm 和 $14_{-0.04}^{0}$mm 尺寸

用0.01精度的0～25mm外径千分尺测量该尺寸3个不同位置，根据测量结果和被测尺寸的公差要求判断是否合格。

4. 检测 $66_{0}^{+0.05}$mm、$62_{0}^{+0.05}$mm 和 $50_{0}^{+0.05}$mm 尺寸

用0.01精度的50～75mm内测千分尺测量该尺寸，根据测量结果和被测尺寸的公差要求判断是否合格。

5. 检测 $16_{-0.09}^{-0.05}$mm、$10_{0}^{+0.05}$mm、$10_{0}^{+0.04}$mm、$9_{0}^{+0.04}$mm 和 $\phi 16_{0}^{+0.04}$mm 尺寸

用0.01精度的5～30mm内测千分尺测量该尺寸3个不同位置，根据测量结果和被测尺寸的公差要求判断是否合格。

6. 检测 $7_{0}^{+0.05}$mm、$13_{0}^{+0.1}$mm、$6_{0}^{+0.05}$mm、$12_{0}^{+0.08}$mm、$8_{0}^{+0.05}$mm 和 $5_{0}^{+0.1}$mm 尺寸

用0.01精度的0～25mm深度千分尺测量该尺寸3个不同位置，根据测量结果和被测尺寸的公差要求判断是否合格。

7. 检测(28±0.1)mm 尺寸

用0.02精度的0～150mm游标卡尺测量该尺寸3个不同位置，根据测量结果和被测尺寸的公差要求判断是否合格。

8. 检测ϕ8H7孔

用ϕ8H7塞规检验，塞规的通端插入深度大于被测深度的2/3，止端插入深度小于被测深度的1/3为合格。

9. 检测(31±0.05)mm 孔距尺寸

在两ϕ8H7孔中插入ϕ8H7圆柱销，用0.01精度的25～50mm外径千分尺测量两圆柱销之间尺寸，该测量值减去圆柱销尺寸为被测尺寸，根据测量结果和被测尺寸的公差要求判断是否合格。

10. 检测圆弧尺寸

用R规进行比较测量，根据测量圆弧和R规符合度判断是否合格。

11. 检测表面粗糙度 *Ra*1.6 和 *Ra*3.2

用表面粗糙度比较样本进行比较，验定表面粗糙度是否合格。

12. 零件自由公差尺寸的检测

零件自由公差尺寸用样板、游标卡尺、R规检验，根据测量结果和被测尺寸的公差要求判断是否合格。

8.7.2 检测并填写记录表

教学策略：小组互检、个人验证、教师抽验。

首先以小组为单位进行互检，由检测同学按评分表给出一个互检成绩；然后个人对自己加工的工件进行自检并与互检成绩、检测结果进行比较从中发现问题尺寸并找出检测出现不同结果的原因，更正出现失误的环节；最后由教师对学生的零件进行抽样检测，并针对出现的问题集中解释出现测量误差的原因及提出改进的方法。

8.8 加工误差分析及后续处理

1. 教学策略：学生反馈、讲授法、提问法

针对学生出现加工误差并及时反馈的情况，教师进行集中汇总，针对出现的较多情况采用讲授的方法来指导学生了解出现的原因；对于出现概率不大或没有出现的情况，教师采用提问的方法引导学生自主分析加工误差产生的原因。

2. 加工误差分析

加工中心机床上进行铣削加工过程中产生精度降低的原因是多方面的,经常遇到的加工误差有多种,其问题现象、产生的原因、预防和消除的措施见表8.11。

表8.11 加工误差分析及后续处理

问题现象	产生原因	预防和消除
尺寸超差	1. 刀具数据不准确 2. 切削刃不锋利产生让刀 3. 程序错误	1. 调整或重新设定刀具数据 2. 更换或刃磨刀具 3. 检查、修改加工程序
深度尺寸不一致	1. 工件装夹校正不正确 2. 装夹不牢靠,加工中产生松动 3. 刀具磨损	1. 工件装夹校正准确 2. 装夹工件准确牢靠 3. 更换刀具
表面有振纹	1. 工件装夹不正确 2. 刀具安装不正确 3. 切削参数不正确	1. 检查工件安装,增加安装刚性 2. 调理刀具安装位置 3. 提高或降低切削速度
切削过程中刀具折断	1. 进给量过大 2. 切削深度过大 3. 切屑阻塞	1. 降低进给速度 2. 减小切削深度 3. 浇注充足冷却液及时排屑
表面粗糙度差	1. 切削速度过低 2. 切削液选用不合理 3. 刀具切削刃不锋利	1. 调高主轴转速 2. 选择正确的切削液,并充分喷注 3. 选择刀刃锋利刀具
铰孔孔径超差	1. 铰刀外径尺寸偏大或偏小 2. 切削速度过高过低,进给量不当 3. 加工余量过大 4. 铰刀不锋利或弯曲 5. 切削液选择不合适	1. 选择合适的铰刀 2. 选择合适的切削速度进给量 3. 减少加工余量 4. 更换铰刀 5. 选择合适切削液

8.9 课题小结

1. 教学策略:小组汇报、教师总结

通过小组汇报的方式,教师可以以小组为单位了解各组的工件完成情况及存在的问题,并有针对性地提出下一步的教学方案,对操作较好的学生提出改进意见,对技能情况掌握不理想的学生提出提高方案。

教师以本课题中提出的学习目标总结学生实际掌握的情况及存在的问题,为下一阶段的学习打下基础。

2. 课题考核

(1) 考核方式:日常考核。

(2) 考核要求:首先以课题提出的评分标准为一定的考核依据,同时配合学生实际操作中的不同阶段予以分别考核,如学生的操作规范、工件加工、零件检测等环节。

8.10　综合评价

1. 自我评价(表 8.12)

表 8.12　自我评价表

课题名称			课时				
课题自我评价成绩			任课教师				
类别	序号	自我评价项目	结果	A	B	C	D
编程	1	程序是否能顺利完成加工					
	2	程序是否满足零件的工艺要求					
	3	编程的格式及关键指令是否能正确使用					
	4	题目:你设计本程序的主要思路是什么? 作答:					
工件刀具安装	1	刀具安装是否正确					
	2	工件安装是否正确					
	3	题目:安装刀具时需要注意的事项主要有哪些? 作答:					
	4	题目:安装工件时需要注意的事项主要有哪些? 作答:					
操作与加工	1	操作是否规范					
	2	着装是否规范					
	3	切削用量是否符合加工要求					
	4	题目:加工时需要注意的事项主要有哪些? 作答:					
	5	题目:加工时经常出现的加工误差主要有哪些? 作答:					

续表

类别	序号	自我评价项目	结果	A	B	C	D
精度检测	1	题目：是否了解本零件测量需要的各种量具的原理及使用？ 作答：					
	2	题目：本零件精度检测的主要内容是什么？采用了何种方法？ 作答：					
	3	题目：批量生产时，你将如何检测该零件的各项精度要求？ 作答：					
（本部分综合成绩）合计：							
自我总结							
学生签字： 年 月 日			指导教师签字： 年 月 日				

2．小组互评（表 8.13）

表 8.13 小组互评表

序号	小组评价项目	评价情况
1	是否尊重他人	
2	是否服从教师的教学安排和管理	
3	学习态度是否积极主动	
4	着装是否符合标准	
5	是否按照安全规范操作	
6	是否能正确地领会他人提出的学习问题	
7	是否合理规范地使用工具和量具	
8	是否能保持学习环境的干净整洁	
9	能否辨别工作环境中哪些是危险的因素	
10	团队学习中主动与合作的情况如何	

参与评价同学签名：

年 月 日

3. 教师评价

教师总体评价：

教师签字：____________

年　　月　　日

模块 9

综合零件加工训练

学习目的

(1) 能够正确识读零件图,合理安排加工工艺;
(2) 掌握用极坐标、直角坐标交叉使用的编程方法;
(3) 熟练运用旋转指令进行加工编程;
(4) 能够合理选择刀具及切削用量,满足加工要求;
(5) 掌握零件尺寸精度的检测方法。

学习要求

(1) 灵活运用编程指令完成综合零件的编程与加工;
(2) 根据图纸合理作出刀具的清单,选择合理的切削参数;
(3) 正确规范操作机床和使用工量具,加工质量符合图纸要求;
(4) 养成良好的职业习惯。

学习重点和难点

(1) 学习综合零件的加工工艺编制;
(2) 学习综合零件的加工程序编制;
(3) 学习综合零件的精度控制和检测。

教学策略

课堂讲授+现场演练,讲授法、演练法、互动法。

综合零件的加工工艺和加工程序编制通过讲授法进行讲解,在讲解过程中给出案例展示,通过案例展示引导学生对复杂零件加工进行讨论,随后教师给出部分问题供学生思考并完成,根据学生对问题的完成情况教师进行点评和总结。

教师课前准备

1. 教学用具

授课计划、纸质及电子教案、课件、黑板、粉笔、多媒体设备、实物样件等。

2. 教学管理物品

实训过程记录表、实训成绩评价标准、实训报告评分标准、实训室使用记录表、仪器设备维护保养卡等。

3. 检查实训设备

开机前检查机床外观各部位是否存在异常，如防护罩、脚踏板等部位；检查机床润滑油液及冷却液是否充足；检查电、气是否达到开机要求，检查主轴、工作台、夹具上是否有异物；检查机床面板各旋钮状态；开机后检查机床是否存在报警并完成返回机床参考点操作，操作环境温度较低的情况下，必须进行暖机 3～5min。

4. 训练用具(表 9.1)

表 9.1　训练用具清单

序号	类别	名称	规格	数量	备注
1	材料	LY12	75mm×75mm×35mm	1 件	
2	刀具	高速钢立铣刀	ϕ12mm、ϕ8mm	各 1 支	
		高速钢球头铣刀	$\phi 8R4$mm		
		中心钻	ϕ3mm		
		钻头	ϕ5.8mm、ϕ7.8mm		
		铰刀	ϕ6H7mm、ϕ8H7mm		
3	夹具	精密平口虎钳	0～300mm	1 台	
4	量具	游标卡尺	1～150mm	1 把	
		外径千分尺	0～25mm、25～50mm、50～75mm	各 1 把	
		深度千分尺	0～25mm	1 把	
		内测千分尺	5～30mm	1 把	
5	工具	铣夹头		3 个	
		钻夹头		2 个	
		弹簧夹套	ϕ12mm、ϕ8mm	各 1 个	与刀具配套
		平行垫铁		1 副	
		油石		1 块	

学生课前准备

(1) 理论知识点准备：数控加工工艺方案合理性的分析方法，切削刀具的选用原则，装配图和零件图的识读方法，互换性与测量技术相关知识，常用量具的使用方法。

(2) 技能知识点准备：能够独立操作加工中心机床完成零件的加工。

(3) 教材及学习用具准备：本教材、学习笔记、笔、计算器。

(4) 衣着准备：工作服、工作帽、工作鞋。

本模块学习过程如图 3.1 所示。

(1) 由检查、提问旧知识导入：通过案例及实物展示的方式引导学生提问，激发学生回忆已经学过的相关知识并回答引入问题。

(2) 由生动的实例导入：通过展示动画的方式引导学生思考教师设置的问题，并给出自己的观点及想法。

9.1 图样与评分标准

图样见图 9.1、图 9.2，对应的评分标准见表 9.2。

表 9.2 综合零件检测项目及评分表(配分 100) 实得分________

序号	考核项目	考核内容及精度要求	配分	评分标准	实测结果	得分
1	轮廓尺寸	$72^{0}_{-0.03}$(2 处)	6	超差不得分		
2		$65^{0}_{-0.03}$	3	超差不得分		
3		$\phi60^{0}_{-0.04}$	3	超差不得分		
4		$13^{0}_{-0.04}$	3	超差不得分		
5		$9^{+0.04}_{0}$	3	超差不得分		
6		$16^{0}_{-0.03}$(2 处)	6	超差不得分		
7		$12^{0}_{-0.03}$	3	超差不得分		
8		$10^{+0.04}_{0}$(2 处)	6	超差不得分		
9		$\phi28^{0}_{-0.04}$	3	超差不得分		
10		$17^{0}_{-0.04}$(2 处)	6	超差不得分		
11		$\phi12^{0}_{-0.04}$	3	超差不得分		
12		$10^{0}_{-0.03}$	3	超差不得分		
13		$6^{0}_{-0.03}$	3	超差不得分		
14		*R*5 柱面	3	超差不得分		
15	深度尺寸	$4^{+0.05}_{0}$(3 处)	6	超差不得分		
16		$7^{+0.05}_{0}$(3 处)	6	超差不得分		
17		$6^{+0.05}_{0}$(2 处)	2	超差不得分		
18		32±0.1	1	超差不得分		
19	孔尺寸	ϕ8H7(4 处)	4	超差不得分		
20		ϕ6H7(2 处)	2	超差不得分		
21		$\phi20^{+0.03}_{0}$	3	超差不得分		
22		$\phi15^{+0.03}_{0}$	3	超差不得分		
23		$\phi20^{+0.04}_{0}$	3	超差不得分		
24		$\phi16^{+0.04}_{0}$	3	超差不得分		
25	表面粗糙度	*Ra*1.6(6 处)	1.5	超差不得分		
26		其余 *Ra*3.2	3	超差一处扣 0.5 分		
27	其他	主视图轮廓完整性	2	超差一处扣 0.5 分		
28		后视图轮廓完整性	2	超差一处扣 0.5 分		
29		锐边倒钝	0.5	未倒钝全扣		
30		文明生产	4	违规操作全扣		

技术要求
1. 锐边倒钝；
2. 未注尺寸允差±0.1mm。
其余 3.2
制图
校核
综合零件训练
比例
材料
LY12
加工中心高级技能训练图(9-1)

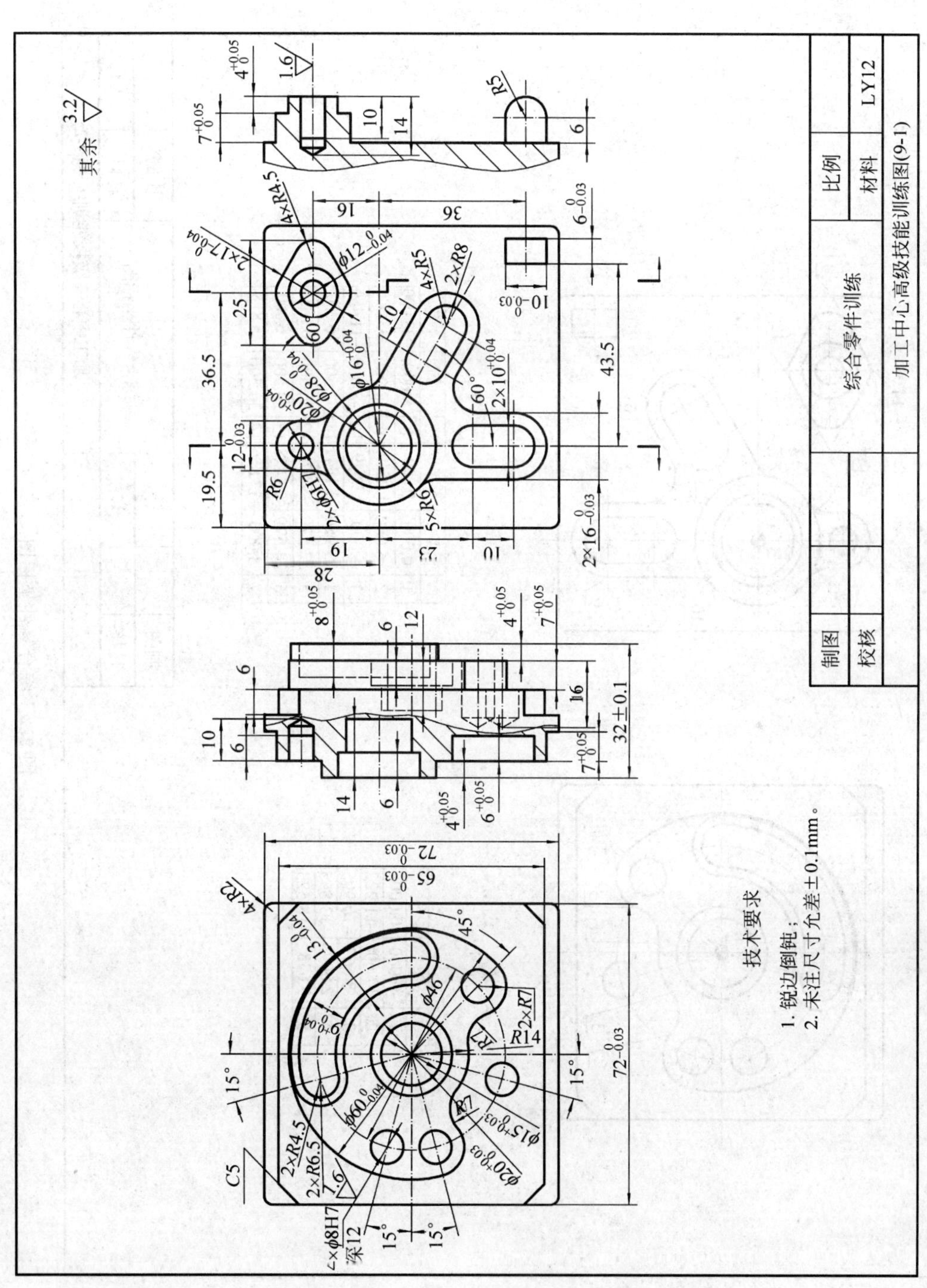

图 9.1 综合零件训练图

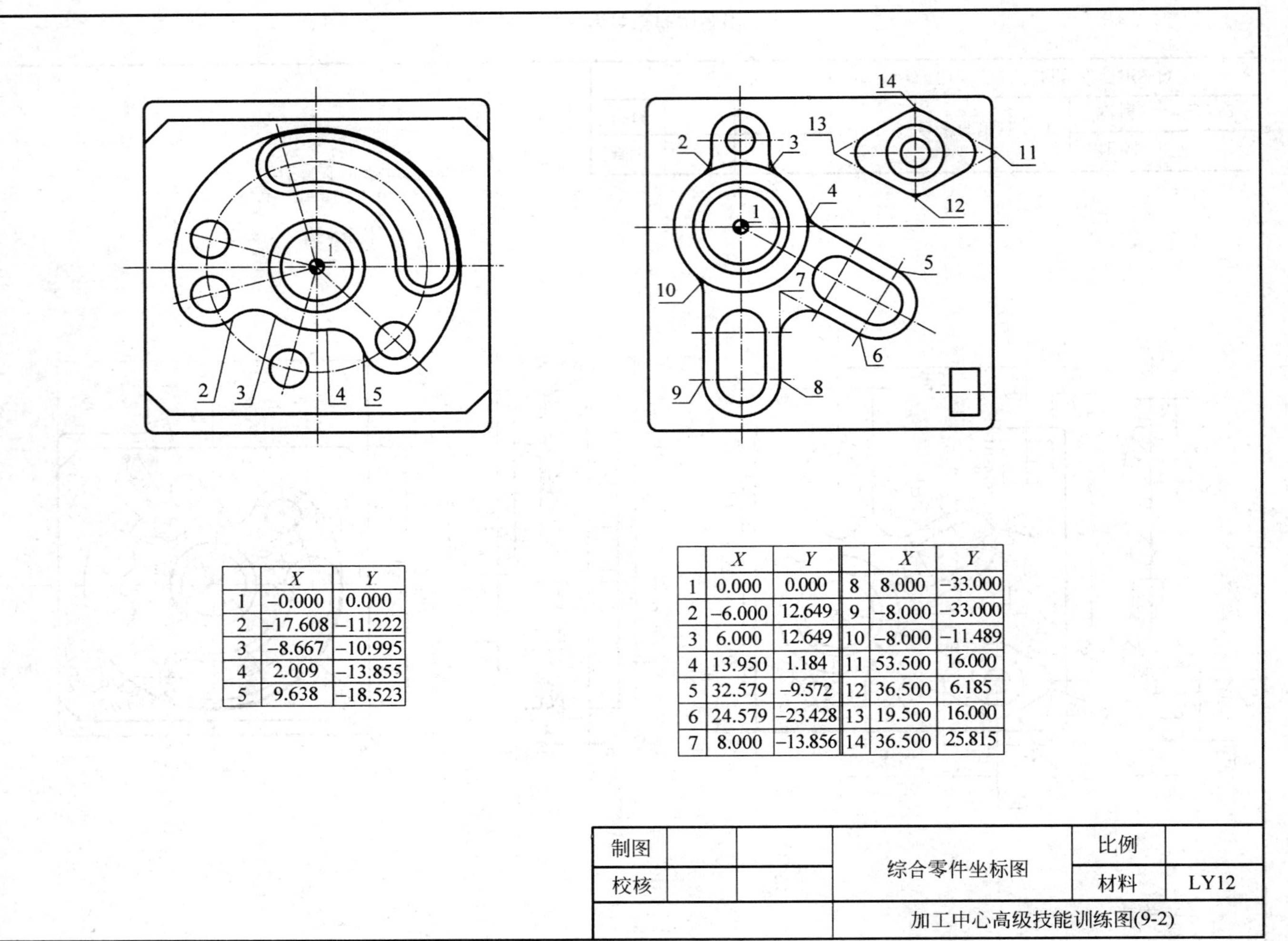

	X	Y
1	–0.000	0.000
2	–17.608	–11.222
3	–8.667	–10.995
4	2.009	–13.855
5	9.638	–18.523

	X	Y		X	Y
1	0.000	0.000	8	8.000	–33.000
2	–6.000	12.649	9	–8.000	–33.000
3	6.000	12.649	10	–8.000	–11.489
4	13.950	1.184	11	53.500	16.000
5	32.579	–9.572	12	36.500	6.185
6	24.579	–23.428	13	19.500	16.000
7	8.000	–13.856	14	36.500	25.815

图 9.2　综合零件坐标图

9.2 图纸分析

教学策略：分组讨论、小组汇报、教师总结。

以分组讨论的形式对图纸的各个尺寸、重要部位进行合理分析，小组得出统一图纸分析方案后集中汇总、汇报。教师针对多种不同的图纸分析方案进行总结性分析，提出较为合理的分析结果。

9.2.1 学生自主分析

1. 零件图纸分析

____

____

____

2. 工艺分析

1）结构分析

____

____

____

2）精度分析

____

____

____

3）定位及装夹分析

____

____

____

4）加工工艺分析

____

____

____

9.2.2 参考分析

1. 零件图分析

如图 9.1 所示，该零件由正反面形状各异的轮廓、槽组成。主视图面由 $72_{-0.03}^{\ 0}$ mm×$72_{-0.03}^{\ 0}$ mm，圆角为 $R2$mm 的方；$72_{-0.03}^{\ 0}$ mm×$65_{-0.03}^{\ 0}$ mm，高 6mm 凸台；由 $\phi60_{-0.04}^{\ 0}$ mm、多

个 $R7$mm 和 $R14$mm 圆弧组成的高 $7^{+0.05}_{0}$ mm 凸台；由多个圆弧组成的宽 $13^{0}_{-0.04}$ mm、高 $4^{+0.05}_{0}$ mm 月牙型凸台；由多个圆弧组成的宽 $9^{+0.04}_{0}$ mm、深 $8^{+0.05}_{0}$ mm 月牙型凹槽；4 个分布在 $\phi46$mm 圆上的 $\phi8$H7mm 孔，深 12mm；位于中心的 $\phi20^{+0.03}_{0}$ mm，深 6mm 及 $\phi15^{+0.03}_{0}$ mm，深 12mm 的台阶孔组成；后视图面由三部分组成，包括由 $\phi20^{+0.04}_{0}$ mm，深 6mm 及 $\phi16^{+0.04}_{0}$ mm，深 14mm 的台阶孔；$\phi28^{0}_{-0.04}$ mm 圆弧与直线构成的异形轮廓凸台，高 $7^{+0.05}_{0}$ mm；两个宽 $10^{+0.03}_{0}$ mm、深 $6^{+0.05}_{0}$ mm 的键槽；对边距离为 $17^{0}_{-0.04}$ mm 菱形凸台及 $\phi12^{0}_{-0.04}$ mm 圆柱；$10^{0}_{-0.03}$ mm×$6^{0}_{-0.03}$ mm 的方和 $R5$mm 的半圆柱面；两个 $\phi6$H7mm 孔，深 10mm。零件形状较复杂，精度较高，层次比较多，工艺性较强，材料去除率较大。

根据零件图，确定编程零点，即 G54 坐标系零点，用于加工编程的各节点坐标根据标注尺寸可用直角坐标表示，也可用极坐标表示，节点用数学计算方法求出，对于计算较困难的节点坐标，考虑采用计算机辅助设计(CAD)画出零件图，提取各节点坐标值，作为编程数据。如图 9.2 所示，前视图节点的坐标和后视图节点的坐标都已给出。

2. 工艺分析

1) 毛坯选择

依据图纸，材料选择硬铝，尺寸规格 75mm×75mm×35mm，见图 9.3。

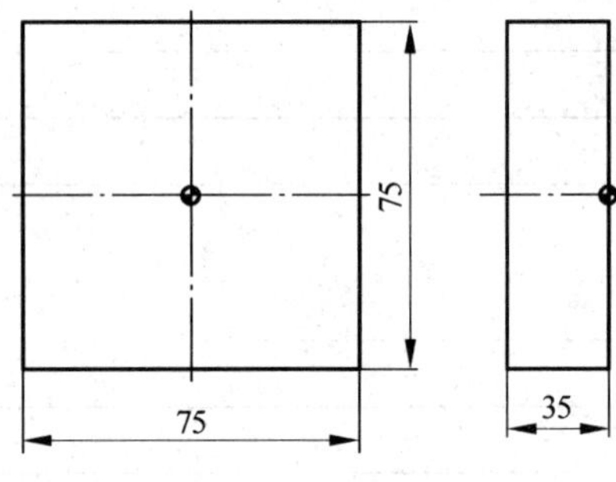

图 9.3 毛坯图

2) 结构分析

在零件上存在外形、腔槽和孔等结构，因此在加工时应重点考虑工艺、编程指令、刀具工作角度、切削用量等问题。

3) 精度分析

在零件前视图上存在 $72^{0}_{-0.03}$ × $72^{0}_{-0.03}$、$65^{0}_{-0.03}$、$\phi60^{0}_{-0.04}$、$\phi20^{+0.03}_{0}$、$\phi15^{+0.03}_{0}$、$13^{0}_{-0.04}$、$9^{+0.04}_{0}$、4 个 $\phi8$H7 及深度$^{+0.05}_{0}$等精度要求；在零件后视图上存 $\phi20^{+0.04}_{0}$、$\phi16^{+0.04}_{0}$、$\phi28^{0}_{-0.04}$、$\phi12^{0}_{-0.04}$、$16^{0}_{-0.03}$两处、$17^{0}_{-0.04}$两处、$12^{0}_{-0.03}$、$16^{0}_{-0.03}$、$10^{+0.03}_{0}$两处、$10^{0}_{-0.03}$、$6^{0}_{-0.03}$、$R5$ 半圆柱面、两个 $\phi6$H7 等精度要求。在加工时应重点考虑工件的加工刚性、加工工艺、刀具选择等问题。

4) 定位及装夹分析

(1) 装夹：工件的装夹方法直接影响零件的加工精度和加工效率，必须根据图纸认真考虑。该零件可采用精密平口钳和垫铁配合使用来完成零件装夹，见图 3.4，工件装夹高度由垫铁调整，轻夹工件，用木锤轻敲工件上表面，检查工件和垫铁接触状态，然后夹紧工件，工件装夹完成。

该零件加工采用基准重合原则，工件装夹时的夹紧力要适中，既要防止工件的变形和夹伤，又要防止工件在加工时的松动，特别是调头装夹时夹紧力要适中，要防止工件的变形和夹伤。

（2）定位：在加工中心机床上加工零件时，首先要建立一个工作坐标系，确定坐标系的零点，整个过程是工件的定位过程。第一次装夹加工时可采用试切法建立一个工作坐标系，工作坐标系原点 X、Y 设置在工件的中心，Z 设置在工件的上表面。第二次装夹加工时定位需采用光电式寻边器、机械式寻边器、定位心轴和杆杆百分表，以已加工面为基准利用机床位置显示功能，确定零点，零点的位置要与编程零点位置一致，与设计基准重合，工作坐标系零点 X、Y 设置在如图 9.4 所示位置，Z 设置在工件的上表面。

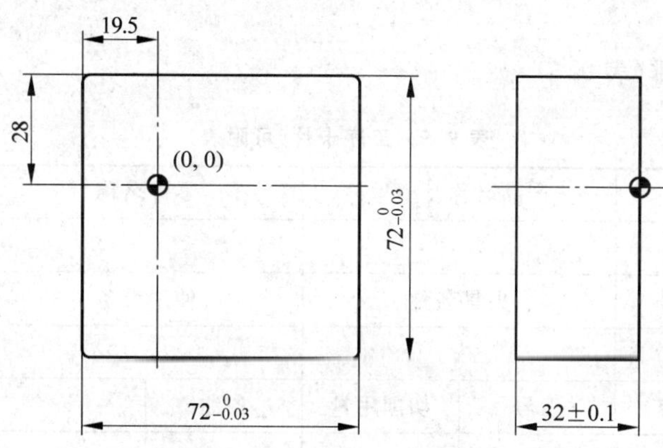

图 9.4　后视图工作坐标系零点设置示意图

5）加工工艺分析

经过以上分析，考虑到零件结构，零件加工时总体安排顺序是，先在加工零件主视图的外形轮廓、型槽及孔，翻面加工后视图的外形轮廓、型槽和孔。

9.3　工艺规程设计

教学策略：分组讨论、小组汇报、教师总结。

以分组讨论的形式对零件提出整体的加工方案，小组得出统一方案后集中汇总、汇报。教师针对多种不同的加工方案进行分析，并提出较为合理的工艺路线。

9.3.1　学生自主设计

1. 刀具选择（表 9.3）

表 9.3　刀具卡片

刀具名称	刀具规格	材料	数量	刀具用途	备注

2. 切削参数选择(表 9.4)

表 9.4 切削参数卡片

刀具	切削速度 v/(mm/min)	每刃进给量 f/(mm/刃)	主轴转速 S/(r/min)	进给速度 F/(mm/min)	备注

3. 工艺规程安排(表 9.5)

表 9.5 工序卡片(可附表)

<table>
<tr><td colspan="2">单位</td><td colspan="2">产品名称及型号</td><td colspan="2">零件名称</td><td>零件图号</td></tr>
<tr><td colspan="2"></td><td colspan="2"></td><td colspan="2"></td><td></td></tr>
<tr><td>工序号</td><td>程序编号</td><td colspan="2">夹具名称</td><td colspan="2">使用设备</td><td>工件材料</td></tr>
<tr><td></td><td></td><td colspan="2"></td><td colspan="2"></td><td></td></tr>
<tr><td>工步</td><td>工步内容</td><td>刀号</td><td>切削用量</td><td>备注</td><td colspan="2">工序简图</td></tr>
<tr><td></td><td></td><td></td><td></td><td></td><td colspan="2"></td></tr>
<tr><td></td><td></td><td></td><td></td><td></td><td colspan="2"></td></tr>
<tr><td></td><td></td><td></td><td></td><td></td><td colspan="2"></td></tr>
</table>

9.3.2 参考分析

1. 刀具选择

工件材料为硬铝,刀具选择刃口锋利、直线度好、精度高的 ϕ8mm 和 ϕ12mm 高速钢立铣刀加工各轮廓尺寸,选用刀具情况见表 9.6 所示。

表 9.6 刀具卡片

刀具名称	刀具规格	材料	数量	刀具用途	备注
立铣刀	ϕ12mm	高速钢	1	平面加工,轮廓加工	
立铣刀	ϕ8mm	高速钢	1	轮廓、形槽加工等	
球头铣刀	ϕ8R4mm	高速钢	1	柱面加工	
中心钻	ϕ3mm	高速钢	1	钻中心孔	
麻花钻	ϕ5.8mm	高速钢	1	钻孔	
麻花钻	ϕ7.8mm	高速钢	1	钻孔	
铰刀	ϕ6H7mm	高速钢	1	铰 ϕ6H7mm 孔	
铰刀	ϕ8H7mm	高速钢	1	铰 ϕ8H7mm 孔	

2. 切削参数选择

根据加工对象的材质，刀具的材质和规格，从金属切削参数书籍中查找刀具线速度、单刃切削量，确定选用刀具的转速、进给速度，也可根据积累的加工经验确定。参考切削参数见表9.7。

表9.7　切削参数卡片

刀具	切削速度 v/(mm/min)	每刃进给量 f/(mm/刃)	主轴转速 S/(r/min)	进给速度 F/(mm/min)	备注
ϕ12mm立铣刀	50	0.04	1300	210	粗加工
	80	0.035	2100	300	精加工
ϕ8mm立铣刀	40	0.03	1600	200	粗加工
	60	0.03	2400	280	精加工
ϕ8R4球头铣刀	50	0.08	2000	320	粗加工
	75	0.06	3000	360	精加工
ϕ3mm中心钻	30	0.03	3200	200	
ϕ5.8mm钻头	25	0.05	1400	140	
ϕ7.8mm钻头	30	0.05	1200	120	
ϕ6H7mm铰刀	10	0.03	500	80	
ϕ8H7mm铰刀	10	0.05	400	100	

3. 切削深度 a_p

切削深度在粗加工时主要受机床和刀具刚度的限制，一般情况下，径向切削量较大时切削深度取0.5倍 $D_刀$，否则切削深度可较大一些。

该零件材料为合金铝，根据零件结构特征，选用 ϕ12mm立铣刀粗加工时，不须分层加工；选用 ϕ8mm立铣刀粗加工槽深度大于5mm槽时，加工量较大，考虑到刀具的强度，加工时建议分层加工。

4. 工艺规程安排

经过以上分析，考虑到零件结构和加工精度，零件加工时总体安排顺序是先在加工零件前视图的外形轮廓、型槽及孔，然后翻面加工后视图的外形轮廓、型槽和孔，零件加工工艺安排如表9.8所示。

表9.8　综合零件工序卡片

单位		产品名称及型号	零件名称	零件图号
			综合零件训练	
工序	程序编号	夹具名称	使用设备	工件材料
1		精密平口钳	VMC850	LY12

续表

工步	工步内容	刀号	刀具及切削用量	备注	工序简图
1	铣平面，工作坐标系原点设在工件的上表面中心	T01	ϕ12mm 立铣刀 S=2100r/min F=300mm/min		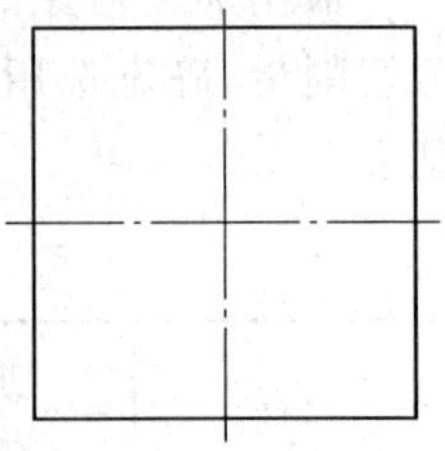
2	粗铣宽 $13_{-0.04}^{0}$ mm，高 $4_{0}^{+0.05}$ mm 月牙型凸台，留余量 0.2mm	T01	ϕ12mm 立铣刀 S=1300r/min F=210mm/min a_p=3.8mm		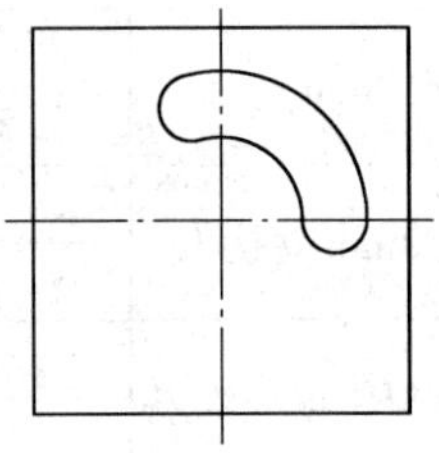
3	粗铣由 $\phi 60_{-0.04}^{0}$ mm、多个 R7mm 和 R14mm 圆弧组成的高 $7_{0}^{+0.05}$ mm 凸台，留余量 0.2mm	T01	ϕ12mm 立铣刀 S=1300r/min F=210mm/min a_p=6.8mm		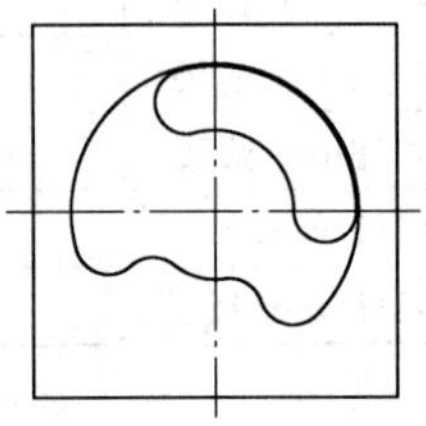
4	粗铣 $65_{-0.03}^{0}$ mm 尺寸，含 C5 倒角，高 6mm，留余量 0.2mm	T01	ϕ12mm 立铣刀 S=1300r/min F=210mm/min a_p=6mm		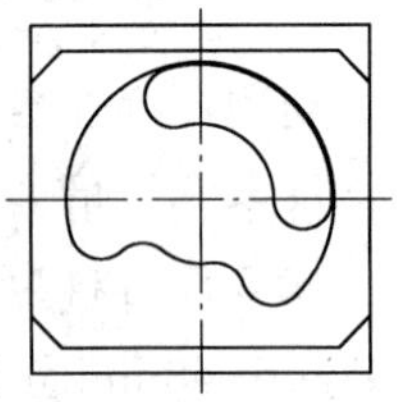
5	粗铣 $72_{-0.03}^{0}$ mm × $72_{-0.03}^{0}$ mm 圆角为 R2mm 的方，深 23mm，留余量 0.2mm	T01	ϕ12mm 立铣刀 S=1300r/min F=210mm/min a_p=11mm		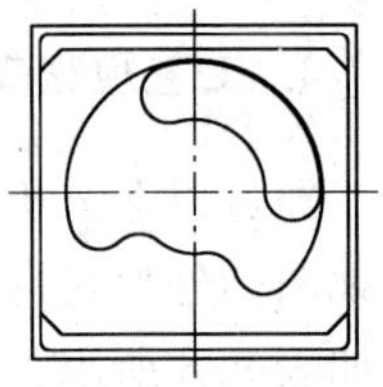
6	粗铣 $\phi 20_{0}^{+0.03}$ mm 深 6mm 和 $\phi 15_{0}^{+0.03}$ mm 深 12mm 的台阶孔，留余量 0.2mm	T01	ϕ12mm 立铣刀 S=1300r/min F=210mm/min a_p=6mm		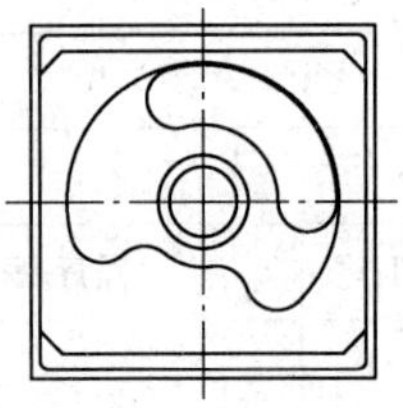

续表

工步	工步内容	刀号	刀具及切削用量	备注	工序简图
7	粗铣宽 $9^{+0.04}_{0}$ mm 深 $8^{+0.05}_{0}$ mm 月牙槽，留余量 0.2mm	T02	ϕ8mm 立铣刀 S=1600r/min F=200mm/min a_p=4mm	分层铣削	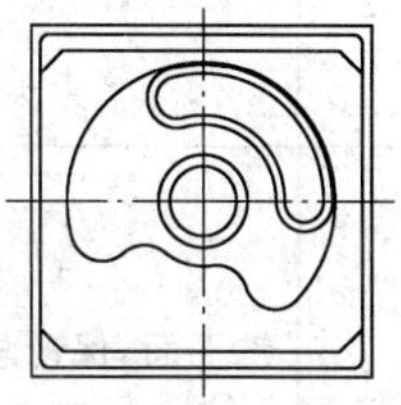
8	钻中心孔	T03	ϕ3mm 中心钻 S=3200r/min F=200mm/min		
9	钻 4 个 ϕ8H7mm 的孔至 ϕ7.8mm	T04	ϕ7.8mm 麻花钻 S=1200r/min F=120mm/min		
10	半精、精铣 $65_{-0.03}^{0}$ mm 尺寸，含 $C5$ 倒角，高 6mm 至尺寸	T02	ϕ8mm 立铣刀 S=2400r/min F=300mm/min a_p=6mm		
11	半精、精铣 $72_{-0.03}^{0}$ mm×$72_{-0.03}^{0}$ mm，圆角为 R2mm 的方，深 22mm 至尺寸	T02	ϕ8mm 立铣刀 S=2400r/min F=300mm/min a_p=11mm		
12	半精、精铣宽 $13_{-0.04}^{0}$ mm，高 $4^{+0.05}_{0}$ mm 月牙型凸台至尺寸	T02	ϕ8mm 立铣刀 S=2400r/min F=300mm/min a_p=4mm		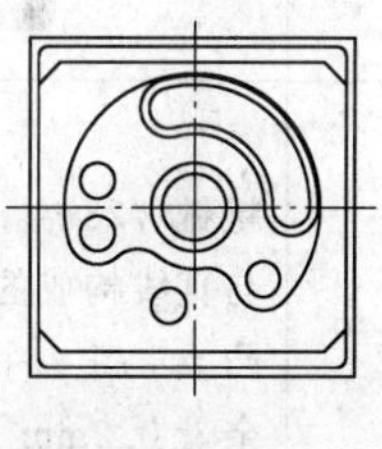
13	半精、精铣宽 $9^{+0.04}_{0}$ mm，深 $8^{+0.05}_{0}$ mm 月牙槽至尺寸	T02	ϕ8mm 立铣刀 S=2400r/min F=300mm/min a_p=8mm		
14	半精、精铣由 $\phi60_{-0.04}^{0}$ mm、多个 R7mm 和 R14mm 圆弧组成的高 $7^{+0.05}_{0}$ mm 凸台至尺寸	T02	ϕ8mm 立铣刀 S=2400r/min F=300mm/min a_p=7mm		
15	半精、精铣 $\phi20^{+0.03}_{0}$ mm，深 6mm 和 $\phi15^{+0.03}_{0}$ mm，深 12mm 的台阶孔至尺寸	T02	ϕ8mm 立铣刀 S=2400r/min F=300mm/min a_p=6mm		
16	铰 4 个 ϕ8H7mm 的孔至尺寸	T05	ϕ8H7mm 铰刀 S=400r/min F=100mm/min		

续表

工序	程序编号		夹具名称	使用设备	工件材料
2			精密平口钳	VMC850	LY12
工步	工步内容	刀号	刀具及切削用量	备注	工序简图
1	铣平面,保证总高(32±0.1)mm 尺寸	T01	ϕ12mm 立铣刀 S=2100r/min F=300mm/min		
2	钻中心孔	T03	ϕ3mm 中心钻 S=3200r/min F=200mm/min		
3	钻两个 ϕ6H7mm 的孔至 ϕ5.8mm	T06	ϕ5.8mm 麻花钻 S=1400r/min F=140mm/min		
4	粗铣 $\phi28_{-0.04}^{\ 0}$ mm 圆和 $\phi12_{-0.04}^{\ 0}$ mm 圆,高 $4_{\ 0}^{+0.05}$ mm,留余量 0.2mm	T01	ϕ12mm 立铣刀 S=1300r/min F=210mm/min a_p=3.8mm		
5	粗铣 $\phi28_{-0.04}^{\ 0}$ mm 圆弧与直线构成的异形轮廓凸台,高 $7_{\ 0}^{+0.05}$ mm,留余量 0.2mm	T01	ϕ12mm 立铣刀 S=1300r/min F=210mm/min a_p=6.8mm	分层铣削	
6	粗铣 $10_{-0.03}^{\ 0}$ mm×$6_{-0.03}^{\ 0}$ mm 的方,留余量 0.2mm	T01	ϕ12mm 立铣刀 S=1300r/min F=210mm/min a_p=6mm	分层铣削	
7	粗铣对边距离为 $17_{-0.04}^{\ 0}$ mm 菱形凸台,留余量 0.2mm	T01	ϕ12mm 立铣刀 S=1300r/min F=210mm/min a_p=6.8mm		

续表

工步	工步内容	刀号	刀具及切削用量	备注	工序简图
8	粗铣 $\phi20^{+0.04}_{0}$ mm，深 6mm 及 $\phi16^{+0.04}_{0}$ mm，深 14mm 的台阶孔，留余量 0.2mm	T01	ϕ12mm 立铣刀 S=1300r/min F=210mm/min a_p=7mm		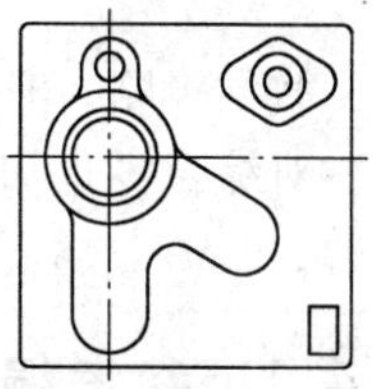
9	粗铣宽 $10^{+0.03}_{0}$ mm，深 $6^{+0.05}_{0}$ mm 的键槽，留余量 0.2mm	T02	ϕ8mm 立铣刀 S=1600r/min F=200mm/min a_p=3mm	分层铣削	
10	粗、精铣 R5mm 的半圆柱面	T07	ϕ8R4mm 球头刀 S=3000r/min F=360mm/min		
11	半精、精铣 $\phi28_{-0.04}^{0}$ mm 圆和 $\phi12_{-0.04}^{0}$ mm 圆，高 $4^{+0.05}_{0}$ mm 至尺寸	T02	ϕ8mm 立铣刀 S=2400r/min F=300mm/min a_p=4mm		
12	半精、精铣 $\phi28_{-0.04}^{0}$ mm 圆弧与直线构成的异形轮廓凸台，高 $7^{+0.05}_{0}$ mm 至尺寸	T02	ϕ8mm 立铣刀 S=2400r/min F=300mm/min a_p=7mm		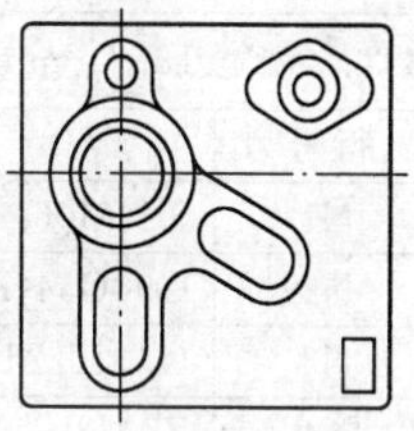
13	半精、精铣 $10_{-0.03}^{0}$ mm×$6_{-0.03}^{0}$ mm 的方至尺寸	T02	ϕ8mm 立铣刀 S=2400r/min F=300mm/min a_p=11mm		
14	半精、精铣 $\phi20^{+0.04}_{0}$ mm，深 6mm 及 $\phi16^{+0.04}_{0}$ mm，深 14mm 的台阶孔至尺寸	T02	ϕ8mm 立铣刀 S=2400r/min F=300mm/min a_p=8mm		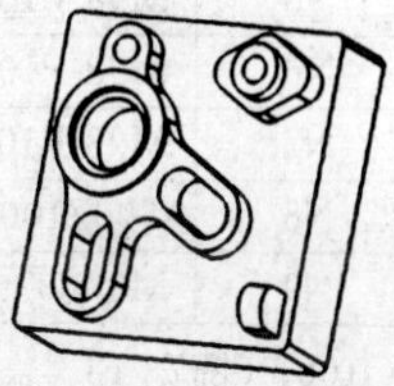
15	半精、精铣宽 $10^{+0.03}_{0}$ mm，深 $6^{+0.05}_{0}$ mm 的键槽至尺寸	T02	ϕ8mm 立铣刀 S=2400r/min F=300mm/min a_p=6mm		
16	半精、精铣对边距离为 $17_{-0.04}^{0}$ mm 菱形凸台至尺寸	T02	ϕ8mm 立铣刀 S=2400r/min F=300mm/min a_p=7mm		
17	铰两个 ϕ6H7mm 的孔至尺寸	T05	ϕ6H7mm 铰刀 S=500r/min F=80mm/min		

9.4 程序编制

教学策略：讲授法、提问法、反馈强化。

对综合零件加工编程技巧进行详细的讲解，对刀具选择和切削用量的给定都要逐一讲解。

9.4.1 参考编程

1. 主视图轮廓加工程序

O1；(铣平面程序)

行号	程　序	解　释
N1	S2100M03	给定主轴转速
N2	G91G01X−90F300	给定 X 的增量坐标以及进给速度
N3	Y10	给定 Y 的增量坐标
N4	X90	
N5	Y10	
N6	M99	返回主程序

O2；(铣宽 $13_{-0.04}^{0}$ mm，高 $4_{0}^{+0.05}$ mm 月牙型凸台周边余量程序)

行号	主　程　序	解　释
N1	T1 M06	调用 ϕ12mm 立铣刀
N2	G90G54G0X0Y0S1300M3	
N3	G43H1Z100	
N4	Z5M8	
N5	M98 P100 D12 F210	D12＝24
N6	M98 P100 D11 F210	D11＝15
N7	M98 P100 D10 F210	D10＝6.2
N8	G00Z100	
N9	M30	程序结束

O100；(铣宽 $13_{-0.04}^{0}$ mm，高 $4_{0}^{+0.05}$ mm 月牙型凸台周边余量子程序)

行号	子　程　序	解　释
N1	G41X45Y−45	
N2	G1Z−3.8	
N3	X−40Y40	
N4	G40G0Z5	
N5	M99	

O3；(铣宽 $13_{-0.04}^{0}$ mm，高 $4_{0}^{+0.05}$ mm 月牙型凸台程序)

行号	程　序	解　释
N1	T1 M06	调用 ϕ12mm 立铣刀
N2	G90G54G0X0Y45S1300M3	
N3	G43H1Z100	
N4	Z5M8	

续表

行号	程　　序	解　　释
N5	G01Z－4F210	
N6	G41 D01 X29.5	
N7	G2X16.5R6.5	
N8	G16 G3X16.5Y105 R16.5	G16 极坐标指令有效
N9	G2X29.5Y105 R6.5	
N10	X29.5Y0R29.5	
N11	G15	G15 取消极坐标指令
N12	G40G01X45	
N13	G00Z100	
N14	M30	

O4;(铣由 $\phi60_{-0.04}^{\ 0}$mm、多个 R7mm 和 R14mm 圆弧组成的高 $7_{\ 0}^{+0.05}$mm 凸台程序)

行号	程　　序	解　　释
N1	T1 M06	调用 ϕ12mm 立铣刀
N2	G90G54G0X0Y45S1300M3	
N3	G43H1Z100	
N4	Z5M8	
N5	G01Z－11F210	
N6	G41 D01 X30	
N7	G16 G2X30Y315R30	
N8	G02X9.638Y－18.523R7	
N9	G03X2.009Y－13.855R7	
N10	G02X－8.667Y－10.995R14	
N11	G03X－17.608Y－11.222R7	
N12	G16G02X30Y195.R7	
N13	G02X30Y0R－30	
N14	G15	
N15	G40G01X45	
N16	G00100	
N17	M30	

O5;(铣 $65_{-0.03}^{\ 0}$mm 尺寸,含 C5 倒角和 $72_{-0.03\text{mm}}^{\ 0}\times72_{-0.03}^{\ 0}$mm 圆角为 R2mm 的方程序)

行号	程　　序	解　　释
N1	T1 M06	调用 ϕ12mm 立铣刀
N2	G90G54G00X0Y45S1300M3	
N3	G43H1Z100	
N4	Z5M8	
N5	G41D01X40Y－23.5	
N6	G01Z－17F210	
N7	X31Y－32.5	
N8	X－31	
N9	X－40Y－23.5	
N10	G00G40Z5	

续表

行号	程　序	解　释
N11	G41D01 X－40Y23.5	
N12	G01Z－17F210	
N13	X－31Y32.5	
N14	X31	
N15	X40Y23.5	
N16	G00G40Z5	
N17	G41D01X36Y45	
N18	G01Z－23F210	
N19	Y－36,R2	
N20	X－36,R2	
N21	Y36,R2	
N22	X34	
N23	G02X36Y34R2	
N24	G00Z100	
N25	G40X45Y45	
N26	M30	

O6;(铣 $\phi20^{+0.03}_{0}$mm,深 6mm 和 $\phi15^{+0.03}_{0}$mm,深 12mm 的台阶孔程序)

行号	程　序	解　释
N1	T1 M06	调用 ϕ12mm 立铣刀
N2	G90G54G00X0Y0S1300M3	
N3	G43H1Z100	
N4	Z5M8	
N5	G01Z－10F50	
N6	G41D01X10F210	
N7	G03I－10	
N8	G40G01X0	
N9	G01Z－16F50	
N10	G41D01X7.5F210	
N11	G03I－7.5	
N12	G40G01X0	
N13	G00Z100	
N14	M30	

O7;(铣宽 $9^{+0.04}_{0}$mm,深 $8^{+0.05}_{0}$mm 月牙槽程序)

行号	程　序	解　释
N1	T2 M06	调用 ϕ8mm 立铣刀
N2	G90G54G00X23Y0S1300M3	
N3	G43H2Z100	
N4	Z5M8	
N5	#1=4	赋第一层加工深度值
N6	WHILE[#1 LE 8] D01	循环语句,设定条件,#1 小于等于 8mm
N7	G01Z－#1 F50	
N8	G41D02G1X27.5Y0	D02=4.2

续表

行号	程　　序	解　　释
N9	G16G03X27.5Y105.R27.5	
N10	X18.5Y105.7R4.5	
N11	G2X18.5Y0R18.5	
N12	G3X27.5R4.5	
N13	G40G01X23.Y0	
N14	G15	
N15	#1=#1+4	深度递增 4mm
N16	END 1	循环 1 结束
N17	G00Z100	
N18	M30	

O8；（钻中心孔程序）

行号	程　　序	解　　释
N1	T3 M06	调用 ϕ3mm 中心钻
N2	G90G54G00X0Y0S3200M3	
N3	G43H3Z100 M8	
N4	G16G81X23Y165Z−7R2F200	
N5	Y195	
N6	Y315	
N7	Y255Z−14	
N8	G80	
N9	G15	
N10	M30	

O9；（钻 4 个 ϕ8H7mm 孔至 ϕ7.8mm 程序）

行号	程　　序	解　　释
N1	T4 M06	调用 ϕ7.8mm 麻花钻
N2	G90G54G00X0Y0S1200M3	
N3	G43H4Z100 M8	
N4	G16G83X23Y165Z−20R2Q2F120	
N5	Y195	
N6	Y315	
N7	Y255	
N8	G80	
N9	G15	
N10	M30	

O10；（铰 4 个 ϕ8H7mm 孔程序）

行号	程　　序	解　　释
N1	T5 M06	调用 ϕ8H7mm 铰刀
N2	G90G54G00X0Y0S400M3	
N3	G43H5Z100 M8	
N4	G16G81X23Y165Z−16R2F100	
N5	Y195	

续表

行号	程　　序	解　　释
N6	Y315	
N7	Y255	
N8	G80	
N9	G15	
N10	M30	

2. 后视图轮廓加工程序

O11;(钻中心孔程序)

行号	程　　序	解　　释
N1	T3 M06	调用 ϕ3mm 中心钻
N2	G90G54G00X0Y0S3200M3	
N3	G43H3Z100 M8	
N4	G81X0Y19Z－3R2F200	
N5	X36.5Y16	
N6	G80	
N7	M30	

O12;(钻两个 ϕ6H7mm 孔至 ϕ5.8mm 程序)

行号	程　　序	解　　释
N1	T6 M06	调用 ϕ5.8mm 麻花钻
N2	G90G54G00X0Y0S1400M3	
N3	G43H6Z100 M8	
N4	G83 X0Y19Z－14R2Q2F140	
N5	X36.5Y16	
N6	G80	
N7	M30	

O13;(铰两个 ϕ6H7mm 孔程序)

行号	程　　序	解　　释
N1	T7 M06	调用 ϕ6H7mm 铰刀
N2	G90G54G00X0Y0S500M3	
N3	G43H7Z100 M8	
N4	G81 X0Y19Z－10R2F80	
N5	X36.5Y16	
N6	G80	
N7	M30	

O14;(铣 $\phi28_{-0.04}^{0}$mm 圆和 $\phi12_{-0.04}^{0}$mm 圆,高 $4_{0}^{+0.05}$mm 程序)

行号	程　　序	解　　释
N1	T1 M06	调用 ϕ12mm 立铣刀
N2	G90G54G00X－30Y0S1300M3	
N3	G43H1Z100	

续表

行号	程　　序	解　　释
N4	Z5M8	
N5	G01Z－4F210	
N6	G41D01X－14	
N7	G02I14	
N8	G40G01X－30	
N9	G00Z5	
N10	X36.5Y40	
N11	G01Z－4F210	
N12	G41D01Y22	
N13	G02J－6	
N14	G40G01Y40	
N15	G00Z100	
N16	M30	

O15；(铣 $\phi28_{-0.04}^{0}$ mm 圆弧与直线构成的异形轮廓和 $10_{-0.03}^{0}$ mm×$6_{-0.03}^{0}$ mm 方程序)

行号	程　　序	解　　释
N1	T1 M06	调用 ϕ12mm 立铣刀
N2	G90G54G00X0Y0S1300M3	
N3	G43H1Z100	
N4	Z5M8	
N5	＃2＝5.5	赋第一层加工深度值
N6	WHILE[＃2 LE 11] D01	循环语句，设定条件，＃2 小于等于 11mm
N7	G41D01X－8 Y－55	
N8	G01Z－＃2F210	
N9	G1Y－11.489	
N10	G02X－6 Y12.649 R14	
N11	G01Y19	
N12	G02X6R6	
N13	G01Y12.649	
N14	G02X13.95Y1.184R14	
N15	G01X32.579Y－9.572	
N16	G02X24.579Y－23.428R8	
N17	G01X8Y－13.856	
N18	Y－33	
N19	G02X－8 R8	
N20	G40G01X－30	
N21	G00Z5	
N22	G41D01X43.5Y－55	
N23	G01Z－＃2F210	
N24	Y31	
N25	X49.5	
N26	Y－41	
N27	X42	

续表

行号	程　　序	解　　释
N28	G40Y－55	
N29	G00Z5	
N30	＃2＝＃2＋5.5	深度递增 5.5mm
N31	END 1	循环 1 结束
N32	G00Z100	
N33	M30	

O16；(铣对边距离为 $17_{-0.04}^{\ 0}$ mm 菱形凸台程序)

行号	程　　序	解　　释
N1	T1 M06	调用 ϕ12mm 立铣刀
N2	G90G54G00X36.5Y40S1300M3	
N3	G43H1Z100	
N4	Z5M8	
N5	G01Z－11F210	
N6	G41D01Y25.815	
N7	X53.5Y16,R4.5	
N8	X36.5Y6.185,R4.5	
N9	X19.5Y16,R4.5	
N10	X36.5Y25.815,R4.5	
N11	X53.5Y16	
N12	G00Z100	
N13	G40X36.5Y40	
N14	M30	

O17；(铣 $\phi20_{\ 0}^{+0.04}$ mm,深 6mm 及 $\phi16_{\ 0}^{+0.04}$ mm,深 14mm 的台阶孔程序)

行号	程　　序	解　　释
N1	T1 M06	调用 ϕ12mm 立铣刀
N2	G90G54G00X0Y0S1300M3	
N3	G43H1Z100	
N4	Z5M8	
N5	G01Z－6F50	
N6	G41D01X10F210	
N7	G03I－10	
N8	G40G01X0	
N9	G01Z－14F50	
N10	G41D01X8F150	
N11	G03I－8	
N12	G40G01X0	
N13	G00Z100	
N14	M30	

O18；(铣宽 $10_{\ 0}^{+0.03}$ mm,深 $6_{\ 0}^{+0.05}$ mm 两个键槽程序)

行号	主　程　序	解　　释
N1	T2 M06	调用 ϕ8mm 立铣刀
N2	G90G54G00X0Y0S1600M3	

续表

行号	主 程 序	解 释
N3	G43H2Z100	
N4	Z5M8	
N5	M98P200	
N6	G68X0Y0R60	
N7	M98P200	
N8	G69	
N9	G00Z100	
N10	M30	

O200;(铣宽 $10^{+0.03}_{0}$ mm,深 $6^{+0.05}_{0}$ mm 键槽子程序)

行号	子 程 序	解 释
N1	#3=7	赋第一层加工深度值
N2	WHILE [#3 LE 10] D01	循环语句,设定条件,#3 小于等于 10mm
N3	X0Y-33	
N4	G01Z-#3F50	
N5	G41D02X5F200	
N6	Y-23	
N7	G03X-5R5	
N8	G01-33	
N9	G03X5R5	
N10	G40G01X0	
N11	#3=#3+3	深度递增 3mm
N12	END 1	循环 1 结束
N13	G00Z5	
N14	M99	

O19;(铣 R5mm 的半圆柱面程序)

行号	主 程 序	解 释
N1	T8 M06	调用 ϕ8R4mm 球头铣刀
N2	G90G54G00X50Y-55S3000M3	
N3	G43H8Z100	
N4	Z5M8	
N5	#5=4.2	给#5 赋值(刀具半径+余量)
N6	X50Y-[31-#5]	
N7	G01Z-9 F100	
N8	M98P300L14	调用 300 号程序 14 次
N9	G17G90G0Z100	
N10	M30	

O300;(铣 R5mm 的半圆柱面子程序)

行号	子 程 序	解 释
N1	G19 G91G03Y-[2*[5+#5]]R[5+#5]	增量编程,刀具半径和加工余量加到轨迹中
N2	G01X-0.25	刀具间距 0.25mm
N3	G02Y[2*[5+#5]]R[5+#5]	
N4	G01X-0.25	
N5	M99	

9.4.2 学生自主编程

学生独立完成程序编写，选择相应的加工方式并设置切削参数，填写表 9.9 加工程序清单。

表 9.9 加工程序清单

序号	程序号	刀具	刀具号	刀具长度补偿号	备注

9.5 加工前准备

1. 机床准备(表 9.10)

表 9.10 机床准备卡片

	机械部分				电器部分		数控系统部分			辅助部分	
设备检查	主轴部分	进给部分	刀库部分	润滑部分	主电源	冷却风扇	电器元件	控制部分	驱动部分	冷却	润滑
检查情况											
注：经检查后该部分完好，在相应项目下打“√”；若出现问题及时报修。											

2. 工件安装

(1) 精密平口虎钳安装牢固，位置方向要正确。

(2) 工件夹紧力适当，安装牢固。

(3) 工件安装的高度正确，夹具不能与刀具发生干涉。

(4) 工作坐标系设定要正确。

3. 刀具安装及加工参数设置

(1) 铣刀伸出长度尽可能地短，以增加刀具的刚性。

(2) 安装的刀具号要对应好。

(3) 刀具的补偿数值应输入在与程序中该刀具相对应的刀补号中。

9.6　实际零件加工

1. 教师演示

(1) 工件的装夹、找正及坐标系设置。

(2) 刀具的准备、安装及参数设置。

(3) 加工程序的编制和程序输入。

(4) 加工过程中的切削用量的调整。

2. 学生加工训练

训练过程中，指导教师巡回指导，及时纠正不正确的操作姿势、解决学生练习中出现的各种问题。

9.7　零件测量

教学策略：讲授法、互动法。

零件的加工质量的高低，取决于加工尺寸与零件图纸的符合度，取决于零件尺寸测量的准确度。在对加工零件测量时采用讲授法将量具的选择、校正及测量的方法再次提出，以便加深学生的印象；实际测量中可以采用同组学生互测、教师抽测的方法，检测零件的加工质量，积累测量经验，提高学生的质量意识。

9.7.1　参考检测工艺

1. 检测 $72_{-0.03}^{\ 0}$ mm、$65_{-0.03}^{\ 0}$ mm 和 $\phi60_{-0.04}^{\ 0}$ mm 尺寸

用0.01精度的50～75mm外径千分尺测量该尺寸3个不同位置，根据测量结果和被测尺寸的公差要求判断是否合格。

2. 检测 $\phi28_{-0.04}^{\ 0}$ mm 尺寸

用0.01精度的25～50mm外径千分尺测量该尺寸3个不同位置，根据测量结果和被测尺寸的公差要求判断是否合格。

3. 检测 $17_{-0.04}^{\ 0}$ mm、$\phi12_{-0.04}^{\ 0}$ mm、$16_{-0.03}^{\ 0}$ mm、$12_{-0.03}^{\ 0}$ mm、$10_{-0.03}^{\ 0}$ mm 和 $6_{-0.03}^{\ 0}$ mm 尺寸

用0.01精度的0～25mm外测千分尺测量该尺寸3个不同位置，根据测量结果和被测尺寸的公差要求判断是否合格。

4. 检测 $13_{-0.04}^{\ 0}$ mm 尺寸

在 $R16.5$mm 圆弧面放置一个 $\phi8$H7 心轴，用0.01精度的0～25mm外径千分尺测量心轴与在 $R29.5$mm 圆弧面之间尺寸，该测量值减去心轴尺寸为被测尺寸，根据测量结果和被测尺寸的公差要求判断是否合格。

5. 检测$\phi 20^{+0.03}_{0}$mm、$\phi 15^{+0.03}_{0}$mm、$\phi 20^{+0.04}_{0}$mm、$\phi 16^{+0.04}_{0}$mm、$9^{+0.04}_{0}$mm和$10^{+0.03}_{0}$mm尺寸

用0.01精度的5～30mm内测千分尺测量该尺寸3个不同位置,根据测量结果和被测尺寸的公差要求判断是否合格。

6. 检测$4^{+0.05}_{0}$mm、$6^{+0.05}_{0}$mm、$7^{+0.05}_{0}$mm和$8^{+0.05}_{0}$mm尺寸

用0.01精度的0～25mm深度千分尺测量该尺寸3个不同位置,根据测量结果和被测尺寸的公差要求判断是否合格。

7. 检测(32±0.1)mm尺寸

用0.02精度的0～150mm游标卡尺测量该尺寸3个不同位置,根据测量结果和被测尺寸的公差要求判断是否合格。

8. 检测ϕ8H7mm和ϕ6H7孔

用相应塞规检验,塞规的通端插入深度大于被测深度的2/3,止端插入深度小于被测深度的1/3为合格。

9. 检测圆弧尺寸

用R规进行比较测量,根据测量圆弧和R规符合度判断是否合格。

10. 检测表面粗糙度*Ra*1.6和*Ra*3.2

用表面粗糙度比较样本进行比较,验定表面粗糙度是否合格。

11. 零件自由公差尺寸的检测

零件自由公差尺寸用样板、游标卡尺、R规检验,根据测量结果和被测尺寸的公差要求判断是否合格。

9.7.2 检测并填写记录表

教学策略:小组互检、个人验证、教师抽验。

首先以小组为单位进行互检,由检测同学按评分表给出一个互检成绩;然后个人对自己加工的工件进行自检并与互检成绩、检测结果进行比较从中发现问题尺寸并找出检测出现不同结果的原因,更正出现失误的环节;最后由教师对学生的零件进行抽样检测,并针对出现的问题集中解释出现测量误差的原因及提出改进的方法。

9.8 加工误差分析及后续处理

1. 教学策略:学生反馈、讲授法、提问法

针对学生出现加工误差并及时反馈的情况,教师进行集中汇总,针对出现的较多情况采用讲授的方法来指导学生了解出现的原因；对于出现概率不大或没有出现的情况，教师采用提问的方法引导学生自主分析加工误差产生的原因。

2. 加工误差分析

加工中心机床上进行铣削加工过程中产生精度降低的原因是多方面的，经常遇到的加工误差有多种，其问题现象、产生的原因、预防和消除的措施见表 9.11。

表 9.11　加工误差分析及后续处理

问题现象	产生原因	预防和消除
尺寸超差	1. 刀具数据不准确 2. 切削刃不锋利产生让刀 3. 程序错误	1. 调整或重新设定刀具数据 2. 更换或刃磨刀具 3. 检查、修改加工程序
深度尺寸不一致	1. 工件装夹校正不正确 2. 装夹不牢靠，加工中产生松动 3. 刀具磨损	1. 工件装夹校正准确 2. 装夹工件准确牢靠 3. 更换刀具
表面有振纹	1. 工件装夹不正确 2. 刀具安装不正确 3. 切削参数不正确	1. 检查工件安装，增加安装刚性 2. 调理刀具安装位置 3. 提高或降低切削速度
切削过程中刀具折断	1. 进给量过大 2. 切削深度过大 3. 切屑阻塞	1. 降低进给速度 2. 减小切削深度 3. 浇注充足冷却液及时排屑
表面粗糙度差	1. 切削速度过低 2. 切削液选用不合理 3. 刀具切削刃不锋利	1. 调高主轴转速 2. 选择正确的切削液，并充分喷注 3. 选择刀刃锋利刀具
铰孔孔径超差	1. 铰刀外径尺寸偏大或偏小 2. 切削速度过高过低，进给量不当 3. 加工余量过大 4. 铰刀不锋利或弯曲 5. 切削液选择不合适	1. 选择合适的铰刀 2. 选择合适的切削速度进给量 3. 减少加工余量 4. 更换铰刀 5. 选择合适切削液

9.9　课题小结

1. 教学策略：小组汇报、教师总结

通过小组汇报的方式，教师可以以小组为单位了解各组的工件完成情况及存在的问题，并有针对性地提出下一步的教学方案，对操作较好的学生提出改进意见，对技能情况掌握不理想的学生提出提高方案。

教师以本课题中提出的学习目标总结学生实际掌握的情况及存在的问题，为下一阶段的学习打下基础。

2. 课题考核

(1) 考核方式：日常考核。

(2) 考核要求：首先以课题提出的评分标准为一定的考核依据，同时配合学生实际操作中的不同阶段予以分别考核，如学生的操作规范、工件加工、零件检测等环节。

9.10 综合评价

1. 自我评价(表 9.12)

表 9.12 自我评价表

课题名称			课时				
课题自我评价成绩			任课教师				
类别	序号	自我评价项目	结果	A	B	C	D
编程	1	程序是否能顺利完成加工					
	2	程序是否满足零件的工艺要求					
	3	编程的格式及关键指令是否能正确使用					
	4	题目：你设计本程序的主要思路是什么？ 作答：					
工件刀具安装	1	刀具安装是否正确					
	2	工件安装是否正确					
	3	题目：安装刀具时需要注意的事项主要有哪些？ 作答：					
	4	题目：安装工件时需要注意的事项主要有哪些？ 作答：					
操作与加工	1	操作是否规范					
	2	着装是否规范					
	3	切削用量是否符合加工要求					
	4	题目：加工时需要注意的事项主要有哪些？ 作答：					
	5	题目：加工时经常出现的加工误差主要有哪些？ 作答：					

续表

类别	序号	自我评价项目	结果	A	B	C	D
精度检测	1	题目：是否了解本零件测量需要的各种量具的原理及使用？ 作答：					
	2	题目：本零件精度检测的主要内容是什么？采用了何种方法？ 作答：					
	3	题目：批量生产时，你将如何检测该零件的各项精度要求？ 作答：					
（本部分综合成绩）合计：							
自我总结							
学生签字： 年　月　日			指导教师签字： 年　月　日				

2. 小组互评（表 9.13）

表 9.13　小组互评表

序号	小组评价项目	评价情况
1	是否尊重他人	
2	是否服从教师的教学安排和管理	
3	学习态度是否积极主动	
4	着装是否符合标准	
5	是否按照安全规范操作	
6	是否能正确地领会他人提出的学习问题	
7	是否合理规范地使用工具和量具	
8	是否能保持学习环境的干净整洁	
9	能否辨别工作环境中哪些是危险的因素	
10	团队学习中主动与合作的情况如何	

参与评价同学签名：

年　月　日

3. 教师评价

教师总体评价：

教师签字：____________

年　　月　　日

模块 10

技能模拟考核训练

学习目的

(1) 对模拟实操试题零件进行工艺分析,合理安排加工工艺;
(2) 熟练编制零件加工程序;
(3) 能够合理选择刀具及切削用量,满足加工要求;
(4) 在规定时间内完成零件加工,零件尺寸满足图纸要求;
(5) 了解技能鉴定的过程和要求。

学习要求

(1) 熟练完成零件的编程与加工;
(2) 根据图纸合理作出刀具的清单,选择合理的切削参数;
(3) 正确规范操作机床和使用工量具,加工质量符合图纸要求;
(4) 养成良好的职业习惯。

学习重点和难点

(1) 能够在规定时间内确定零件的加工工艺;
(2) 能够在规定时间内完成零件的加工程序编制;
(3) 能够在规定时间内完成零件加工,加工质量符合图纸要求。

教学策略

课堂讲授+现场模拟考核。

对技能鉴定前的准备过程和技能鉴定过程的应对方法及要求进行讲解,在讲解过程中提出安全规范操作要求,引导学生对技能鉴定考核作心理准备,随后学生进行模拟考核,教师根据学生对模拟考核实操题的完成情况进行点评和总结。

教师课前准备

1. 教学用具

授课计划、纸质及电子教案、课件、黑板、粉笔、多媒体设备、实物样件等。

2. 教学管理物品

实训过程记录表、实训成绩评价标准、实训报告评分标准、实训室使用记录表、仪器设备维护保养卡等。

3. 检查实训设备

开机前检查机床外观各部位是否存在异常，如防护罩、脚踏板等部位；检查机床润滑油液及冷却液是否充足；检查电、气是否达到开机要求，检查主轴、工作台、夹具上是否有异物；检查机床面板各旋钮状态；开机后检查机床是否存在报警并完成返回机床参考点操作，操作环境温度较低的情况下，必须暖机 3～5min。

4. 训练用具(表 10.1)

表 10.1 训练用具清单

序号	类别	名称	规格	数量	备注
1	材料	LY12	75mm×75mm×35mm	1 件	
2	刀具	高速钢立铣刀	ϕ12mm、ϕ8mm	各 1 支	
		中心钻	ϕ3mm		
		钻头	ϕ5mm、ϕ7.8mm		
		铰刀	ϕ8H7mm		
		丝锥	M6mm		
3	夹具	精密平口虎钳	0～300mm	1 台	
4	量具	游标卡尺	1～150mm	1 把	
		千分尺	0～25mm、25～50mm、50～75mm	各 1 把	
		深度千分尺	0～25mm	1 把	
		内测千分尺	5～30mm	1 把	
5	工具	铣夹头		2 个	
		钻夹头		1 个	
		弹簧夹套	ϕ12mm、ϕ8mm	各 1 个	与刀具配套
		攻螺纹铰杆		1 把	
		平行垫铁		1 副	
		油石		1 块	

学生课前准备

(1) 理论知识点准备：数控加工工艺方案合理性的分析方法，切削刀具的选用原则，零件图的识读方法，常用量具的使用方法。

(2) 技能知识点准备：加工中心机床操作加工技能达到高级工水平。

(3) 教材及学习用具：本教材、学习笔记、笔、计算器。

(4) 衣着准备：工作服、工作帽、工作鞋。

10.1 图样与评分标准

图样见图 10.1，对应的评分标准见表 10.2 和表 10.3。

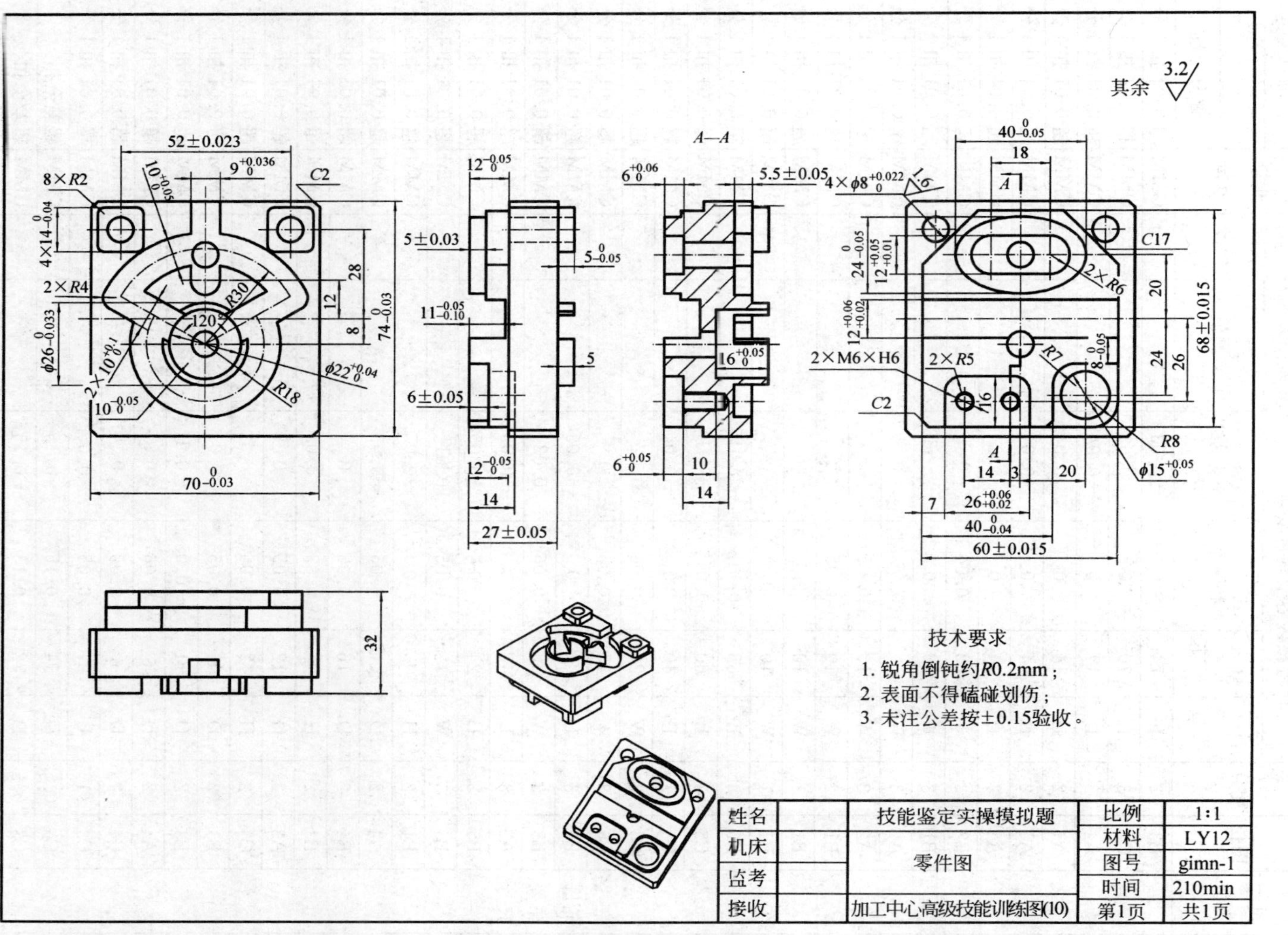

图 10.1 技能模拟考核实操图

表 10.2 加工中心操作工技能鉴定实操模拟题评分表

姓名________编号________日期________

序号	尺寸类型	图位	配分	考核内容及精度要求				允差=0.005	实际得分	测量方法	备注
				尺寸类型	基本尺寸	上偏差	下偏差	实测值			评分标准
1	轮廓主要尺寸	B3	3	L	74	0	−0.03			CMM	超 0.01 扣 1 分
2		C2	3	L	70	0	−0.03			CMM	超 0.01 扣 1 分
3		A1	2	L	14	0	−0.04			CMM	超 0.01 扣 1 分
4		A1	2	L	14	0	−0.04			CMM	超 0.01 扣 1 分
5		A1	2	L	14	0	−0.04			CMM	超 0.01 扣 1 分
6		A1	2	L	14	0	−0.04			CMM	超 0.01 扣 1 分
7		B2	3	ϕ	22	0.04	0			CMM	超 0.01 扣 1 分
8		B1	3	ϕ	26	0	−0.033			CMM	超 0.01 扣 1 分
9		A2	3	W	9	0.036	0			CMM	超 0.01 扣 1 分
10		A2	2	W	10	0.05	0			CMM	超 0.01 扣 1 分
11		B1	2	W	10	0.05	0			CMM	超 0.01 扣 1 分
12		B1	1	W	10	0.1	0			CMM	超 0.01 扣 1 分
13		B1	1	W	10	0.1	0			CMM	超 0.01 扣 1 分
14		B6	3	L	68	0.015	−0.015			CMM	超 0.01 扣 1 分
15		C5	3	L	60	0.015	−0.015			CMM	超 0.01 扣 1 分
16		C5	3	L	40	0	−0.04			CMM	超 0.01 扣 1 分
17		C5	3	W	26	0.06	0.02			CMM	超 0.01 扣 1 分
18		C6	3	ϕ	15	0.05	0			CMM	超 0.01 扣 1 分
19		B6	3	L	8	0	−0.05			CMM	超 0.01 扣 1 分
20		B5	3	W	26	0.06	0.02			CMM	超 0.01 扣 1 分
21		A5	3	L	40	0	−0.05			CMM	超 0.01 扣 1 分
22		B5	3	L	24	0	−0.05			CMM	超 0.01 扣 1 分
23		B5	3	W	12	0.05	0.01			CMM	超 0.01 扣 1 分
24		B4	2	H	5	0	−0.05			CMM	超 0.01 扣 1 分
25		A4	2	D	5.5	0.05	−0.05			CMM	超 0.01 扣 1 分
26		B4	2	D	16	0.05	0			CMM	超 0.01 扣 1 分
27		B3	2	H	5	0.03	−0.03			CMM	超 0.01 扣 1 分
28		A3	2	H	12	0.05	0			CMM	超 0.01 扣 1 分
29		C3	2	H	12	0.05	0			CMM	超 0.01 扣 1 分
30		B3	2	D	6	0.05	−0.05			CMM	超 0.01 扣 1 分
31		B3	2	D	11	−0.05	−0.1			CMM	超 0.01 扣 1 分
32		A4	2	D	6	0.06	0			CMM	超 0.01 扣 1 分
33		C4	2	D	6	0.05	0			CMM	超 0.01 扣 1 分
34		C3	1	L	27	0.05	−0.05			CMM	超 0.01 扣 1 分
35		C3	0.5	D	14	0.15	−0.15			CMM	超差全扣
36		C3	0.5	D	32	0.15	−0.15			CMM	超差全扣
37		B5	1	L	16	0.15	−0.15			CMM	超差全扣
38		A5	2	ϕ	8	0.022	0			CMM	超 0.01 扣 1 分
39		A2	2	L	52	0.023	−0.023			CMM	超 0.01 扣 1 分
本项配分			86					本项得分			

续表

序号	尺寸类型	图位	配分	考核内容及精度要求				允差=0.005	实际得分	测量方法	备注
				尺寸类型	基本尺寸	上偏差	下偏差	实测值			评分标准
40	表面质量	A5	1	Ra	1.6					M	4处
41		A6	4	Ra	3.2					M	
42	螺纹	B5	2	M	6					M	2处
43		B4	1	D	10	1	−1			M	2处
44	零件外观		1	锐角倒钝						M	
45			1	无夹伤、碰伤、划痕						M	
46			4	轮廓完成度、图纸相符度						M	
47	文明生产		5	见现场评分表							

本项配分　19　　本项得分

总配分数　100　　总得分数

表 10.3　加工中心操作工技能鉴定实操模拟考核现场评分表

姓名______场次______赛位号______

操作时间	开始时间	时　分	停工时间	时　分至　时　分
	结束时间	时　分	停工原因	

项目	序号	配分	评判内容	现场记录	得分	备注
安全操作文明生产	1	1.6	工具、量具、刀具分区摆放	分区□　未分区□		
	2	0.8	工具摆放整齐、规范、不重叠	规范□　不规范□		
	3	0.8	量具摆放整齐、规范、不重叠	规范□　不规范□		
	4	0.8	刀具摆放整齐、规范、不重叠	规范□　不规范□		
	5	2	防护镜配戴规范	规范□　不规范□		
	6	2	工作服、工作帽、工作鞋穿戴规范	规范□　不规范□		
	7	2	赛后现场清理、清洁	好□　一般□　差□		
	8		发生安全事故、严重违反操作规程者，报现场裁判视情况扣 2～3 分，情节特别严重者报裁判长，经竞赛监督许可可取消竞赛资格。 事故状态： 1. 刀具直接撞上工件或者夹具，造成机床或工件损坏，报现场裁判视情况扣 2～3 分； 2. 由于切削用量不合理造成刀具损坏，一把刀具扣 0.25 分，最多扣 1 分； 3. 操作中有受伤的进行记录，视情况扣 0.5～2 分			

配分：　5　　合计得分：

10.2 图纸分析

教学策略：个人分析、教师总结。

以个人分析的形式对图纸的各个尺寸、重要部位进行合理分析，得出图纸分析方案考核后集中汇报。教师考核后针对多种不同的图纸分析方案进行总结性分析，提出较为合理的分析结果。

10.2.1 学生自主分析

1. 零件图纸分析

____

____

____

2. 工艺分析

1）结构分析

____

____

____

2）精度分析

____

____

____

3）定位及装夹分析

____

____

____

4）加工工艺分析

____

____

____

10.2.2 参考分析

1. 零件图分析

如图 10.1 所示，该零件由正反面形状各异的轮廓、槽组成。主视图有 $74_{-0.03}^{0}$ mm×$70_{-0.03}^{0}$ mm，4 角为 $C2$ 倒角的方；两个 $14_{-0.04}^{0}$ mm×$14_{-0.04}^{0}$ mm，高 $5_{-0.05}^{0}$ mm 的凸台；中心是由 $\phi22_{0}^{+0.04}$ mm，深 $16_{0}^{+0.05}$ mm 孔和 $\phi26_{-0.033}^{0}$ mm 圆柱构成的薄壁；由圆弧 $R18$mm 和

$R30$mm 等为中心线，宽为 $10^{+0.05}_{0}$mm、$10^{+0.1}_{0}$mm 和 $9^{+0.036}_{0}$mm 的环形槽，深(5.5±0.05)mm；4 个 $\phi 8^{+0.022}_{0}$mm 通孔；后视图有(68±0.015)mm×(60±0.015)mm 的方，前端倒角 $C17$；中间是宽 $12^{+0.06}_{+0.02}$mm，深 $11^{-0.05}_{-0.1}$mm 的通槽；一个长轴为 $40^{0}_{-0.05}$mm，短轴为 $24^{0}_{-0.05}$mm，高(5±0.03)mm 的椭圆凸台；在椭圆中心有宽为 $12^{+0.05}_{+0.01}$mm，深 $6^{+0.06}_{0}$mm 的键槽；有 $26^{+0.06}_{+0.02}$mm×16mm，深 $6^{+0.05}_{0}$mm 的沉槽，在沉槽内有两个 M6mm 螺纹孔，深 10mm；有距中心槽 $8^{0}_{-0.05}$mm，距左边 $40^{0}_{-0.04}$mm 的沉台，在沉台上是 $\phi 15^{+0.05}_{0}$mm，深 14mm 的孔。零件形状较复杂，精度较高，层次比较多，工艺性较强。

2. 工艺分析

1）结构分析

在零件上存在外形、腔槽、螺纹和孔等结构，因此在加工时应重点考虑工艺、编程指令、刀具工作角度、切削用量等问题。

2）精度分析

在零件主视图上存在 $72^{0}_{-0.03}$mm×$72^{0}_{-0.03}$mm、$14^{0}_{-0.04}$mm×$14^{0}_{-0.04}$mm、$\phi 22^{+0.04}_{0}$mm、$\phi 26^{0}_{-0.033}$mm、$10^{+0.05}_{0}$mm、$9^{+0.036}_{0}$mm 和 4 个 $\phi 8^{+0.022}_{0}$mm 等精度要求；在零件后视图上存在(68±0.015)mm×(60±0.015)mm、$12^{+0.06}_{+0.02}$mm、$\phi 15^{+0.05}_{0}$mm、$12^{+0.05}_{+0.01}$mm、$40^{0}_{-0.05}$mm、$24^{0}_{-0.05}$mm 和 $26^{+0.06}_{+0.02}$mm 等精度要求。在加工时应重点考虑工件的加工刚性、加工工艺、刀具选择等问题。

3）定位及装夹分析

(1) 装夹：工件的装夹方法直接影响零件的加工精度和加工效率，必须根据图纸认真考虑。该零件可采用精密平口钳和垫铁配合使用来完成零件装夹，见图 3.4，工件装夹高度由垫铁调整，轻夹工件，用木锤轻敲工件上表面，检查工件和垫铁的接触状态，然后夹紧工件，工件装夹完成。

该零件加工采用基准重合原则，工件装夹时的夹紧力要适中，既要防止工件的变形和夹伤，又要防止工件在加工时的松动，特别是调头装夹时夹紧力要适中，要防止工件的变形和夹伤。

(2) 定位：在加工中心机床上加工零件时，首先要建立一个工作坐标系，确定坐标系的零点，整个过程是工件的定位过程。第一次装夹加工时可采用试切法建立一个工作坐标系，工作坐标系原点 X、Y 设置在工件的中心，Z 设置在工件的上表面。第二次装夹加工时定位需采用光电式寻边器、机械式寻边器、定位心轴和杆杆百分表，以已加工面为基准利用机床位置显示功能，确定零点，零点的位置要与编程零点位置一致，与设计基准重合，工作坐标系零点 X、Y 设置在工件的中心，Z 设置在工件的上表面。

4）加工工艺分析

经过以上分析，考虑到零件结构，零件加工时总体安排顺序是，先在加工零件后视图的外形轮廓、型槽、孔和螺纹孔，翻面加工主视图的外形轮廓和型槽。

10.3 工艺规程设计

教学策略：个人设计、教师总结。

以个人的形式对零件提出整体的加工方案，得出统一方案考核后集中汇报。教师针对多种不同的加工方案进行分析,并提出较为合理的工艺路线。

10.3.1 学生自主设计

1. 刀具选择(表 10.4)

表 10.4 刀具卡片

刀具名称	刀具规格	材料	数量	刀具用途	备注

2. 切削参数选择(表 10.5)

表 10.5 切削参数卡片

刀具	切削速度 v/(mm/min)	每刃进给量 f/(mm/刃)	主轴转速 S/(r/min)	进给速度 F/(mm/min)	备注

3. 工艺规程安排(表 10.6)

表 10.6 工序卡片(可附表)

<table>
<tr><td colspan="2">单位</td><td colspan="2">产品名称及型号</td><td colspan="2">零件名称</td><td>零件图号</td></tr>
<tr><td colspan="2"></td><td colspan="2"></td><td colspan="2"></td><td></td></tr>
<tr><td>工序号</td><td>程序编号</td><td colspan="2">夹具名称</td><td colspan="2">使用设备</td><td>工件材料</td></tr>
<tr><td></td><td></td><td colspan="2"></td><td colspan="2"></td><td></td></tr>
<tr><td>工步</td><td>工步内容</td><td>刀号</td><td>切削用量</td><td>备注</td><td colspan="2">工序简图</td></tr>
<tr><td></td><td></td><td></td><td></td><td></td><td colspan="2" rowspan="3"></td></tr>
<tr><td></td><td></td><td></td><td></td><td></td></tr>
<tr><td></td><td></td><td></td><td></td><td></td></tr>
</table>

10.3.2 参考分析

1. 刀具选择

工件材料为硬铝,刀具选择刃口锋利、直线度好、精度高的 ϕ8mm 和 ϕ12mm 高速钢立铣刀加工各轮廓尺寸,选用刀具情况见表 10.7 所示。

表 10.7 刀具卡片

刀具名称	刀具规格	材料	数量	刀具用途	备注
立铣刀	ϕ12mm	高速钢	1	平面加工,轮廓加工	
立铣刀	ϕ8mm	高速钢	1	轮廓、形槽加工等	
中心钻	ϕ3mm	高速钢	1	钻中心孔	

续表

刀具名称	刀具规格	材料	数量	刀具用途	备注
麻花钻	ϕ5mm	高速钢	1	钻孔	
麻花钻	ϕ7.8mm	高速钢	1	钻孔	
铰刀	ϕ8H7mm	高速钢	1	铰 ϕ8H7mm 孔	
丝锥	M6	高速钢	1	攻 M6mm 螺纹	

2. 切削参数选择

根据加工对象的材质，刀具的材质和规格，根据积累的加工经验确定选用刀具的转速、进给速度。参考切削参数见表 10.8。

表 10.8 切削参数卡片

刀具	切削速度 v/(mm/min)	每刃进给量 f/(mm/刃)	主轴转速 S/(r/min)	进给速度 F/(mm/min)	备注
ϕ12mm 立铣刀	50	0.04	1300	210	粗加工
	80	0.035	2100	300	精加工
ϕ8mm 立铣刀	40	0.03	1600	200	粗加工
	60	0.03	2400	280	精加工
ϕ3mm 中心钻	30	0.03	3200	200	
ϕ5mm 钻头	25	0.05	1600	160	
ϕ7.8mm 钻头	30	0.05	1200	120	
ϕ8H7mm 铰刀	10	0.05	400	100	

3. 切削深度 a_p

该零件材料为合金铝，根据零件结构特征，选用 ϕ12mm 立铣刀粗加工时深度大于 8mm，选用 ϕ8mm 立铣刀粗加工槽深度大于 5mm 时，加工量较大，考虑到刀具的强度，加工时建议分层加工，否则不须分层加工。

4. 工艺规程安排

经过以上分析，考虑到零件结构和加工精度，零件加工时总体安排顺序是先在加工零件后视图的外形轮廓、型槽、孔和攻螺纹，然后翻面加工主视图的外形轮廓和槽，零件加工工艺安排如表 10.9 所示。

表 10.9 零件工序卡片

<table>
<tr><td colspan="2">单位</td><td>产品名称及型号</td><td>零件名称</td><td>零件图号</td></tr>
<tr><td colspan="2"></td><td></td><td>模拟考核零件</td><td></td></tr>
<tr><td>工序</td><td>程序编号</td><td>夹具名称</td><td>使用设备</td><td>工件材料</td></tr>
<tr><td>1</td><td></td><td>精密平口钳</td><td>VMC850</td><td>LY12</td></tr>
</table>

续表

工步	工步内容	刀号	刀具及切削用量	备注	工序简图
1	铣平面,工作坐标系原点设在工件的上表面中心	T01	ϕ12mm 立铣刀 S=2100r/min F=300mm/min		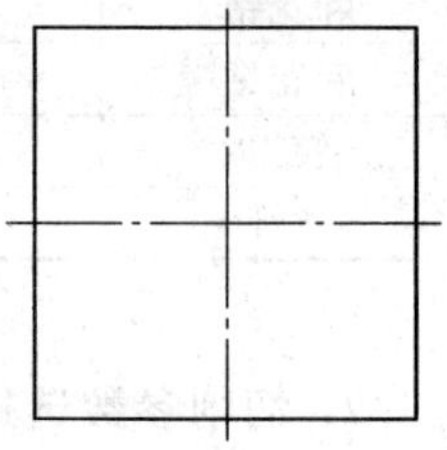
2	钻中心孔	T03	ϕ3mm 中心钻 S=3200r/min F=200mm/min		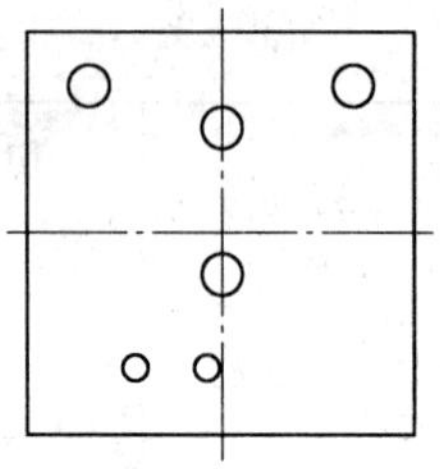
3	钻 4 个 ϕ8H7mm 孔至 ϕ7.8mm	T04	ϕ7.8mm 麻花钻 S=1200r/min F=120mm/min		
4	钻两个 M6mm 螺纹底孔至 ϕ5mm	T05	ϕ5mm 麻花钻 S=1600r/min F=160mm/min		
5	铰 4 个 ϕ8H7mm 的孔至尺寸	T06	ϕ8H7mm 铰刀 S=400r/min F=100mm/min		
6	粗铣(68±0.015)mm×(60±0.015)mm 方,留余量 0.2mm	T01	ϕ12mm 立铣刀 S=1300r/min F=210mm/min a_p=6mm	分层铣削	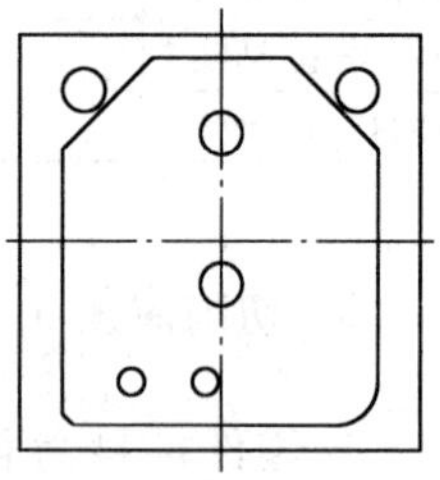
7	粗铣 $74_{-0.03}^{0}$ mm × $70_{-0.03}^{0}$ mm 方,深 28mm 留余量 0.2mm	T01	ϕ12mm 立铣刀 S=1300r/min F=210mm/min a_p=16mm		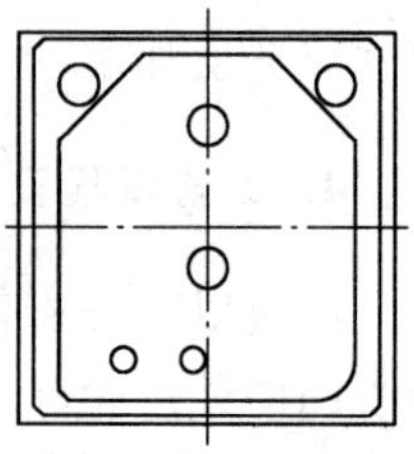
8	粗铣宽 $12_{+0.02}^{+0.06}$ mm,深 $11_{-0.1}^{-0.05}$ mm 通槽,留余量 0.2mm	T01	ϕ12mm 立铣刀 S=1300r/min F=210mm/min a_p=6mm		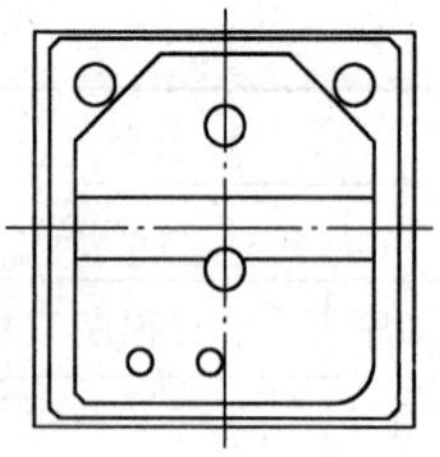

续表

工步	工步内容	刀号	刀具及切削用量	备注	工序简图
9	粗铣长轴为 $40_{-0.05}^{0}$ mm，短轴为 $24_{-0.05}^{0}$ mm，高(5±0.03)mm 椭圆凸台，留余量 0.2mm	T01	ϕ12mm 立铣刀 S=1300r/min F=210mm/min a_p=4.8mm		
10	粗铣 $26_{+0.02}^{+0.06}$ mm×16mm，深 $6_{0}^{+0.05}$ mm 沉槽和距中心槽 $5_{-0.05}^{0}$ mm，距左边 $40_{-0.04}^{0}$ mm 的沉台，留余量 0.2mm	T01	ϕ12mm 立铣刀 S=1300r/min F=210mm/min a_p=5.8mm		
11	粗铣 $12_{+0.01}^{+0.05}$ mm，深 $6_{0}^{+0.06}$ mm 键槽和 $\phi15_{0}^{+0.05}$ mm，深 14mm 孔，留余量 0.2mm	T02	ϕ8mm 立铣刀 S=1600r/min F=200mm/min a_p=4mm	分层铣削	
12	半精、精铣(68±0.015)mm×(60±0.015)mm 方至尺寸	T02	ϕ8mm 立铣刀 S=2400r/min F=300mm/min a_p=12mm		
13	半精、精铣 $74_{-0.03}^{0}$ mm×$70_{-0.03}^{0}$ mm 方至尺寸	T02	ϕ8mm 立铣刀 S=2400r/min F=300mm/min a_p=16mm		
14	半精、精铣宽 $12_{+0.02}^{+0.06}$ mm，深 $11_{-0.1}^{-0.05}$ mm 通槽至尺寸	T02	ϕ8mm 立铣刀 S=2400r/min F=300mm/min a_p=11mm		
15	半精、精铣长轴为 $40_{-0.05}^{0}$ mm，短轴为 $24_{-0.05}^{0}$ mm，高(5±0.03)mm 椭圆凸台至尺寸	T02	ϕ8mm 立铣刀 S=2400r/min F=300mm/min a_p=5mm		
16	半精、精铣 $26_{+0.02}^{+0.06}$ mm×16mm，深 $6_{0}^{+0.05}$ mm 沉槽和距中心槽 $5_{-0.05}^{0}$ mm，距左边 $40_{-0.04}^{0}$ mm 的沉台至尺寸	T02	ϕ8mm 立铣刀 S=2400r/min F=300mm/min a_p=6mm		
17	半精、精铣 $12_{+0.01}^{+0.05}$ mm，深 $6_{0}^{+0.06}$ mm 键槽和 $\phi15_{0}^{+0.05}$ mm，深 14mm 孔至尺寸	T02	ϕ8mm 立铣刀 S=2400r/min F=300mm/min a_p=6mm		

续表

工步	工步内容	刀号	刀具及切削用量	备注	工序简图
18	攻两个 M6mm 螺纹				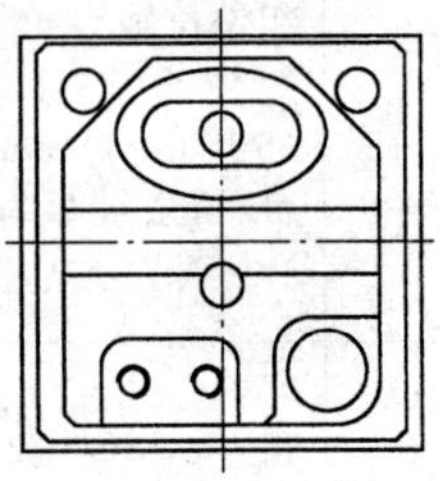
工序	**程序编号**		**夹具名称**	**使用设备**	**工件材料**
2			精密平口钳	VMC850	LY12
工步	**工步内容**	**刀号**	**刀具及切削用量**	**备注**	**工序简图**
1	铣平面,保证总高 32mm 尺寸	T01	ϕ12mm 立铣刀 S=2100r/min F=300mm/min		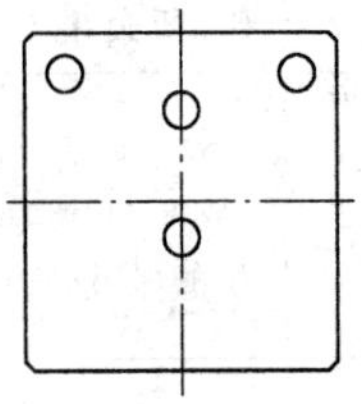
2	粗铣两个 $14_{-0.04}^{\ 0}$ mm×$14_{-0.04}^{\ 0}$ mm,高 $5_{-0.05}^{\ 0}$ mm 凸台,留余量 0.2mm	T01	ϕ12mm 立铣刀 S=1300r/min F=210mm/min a_p=4.8mm		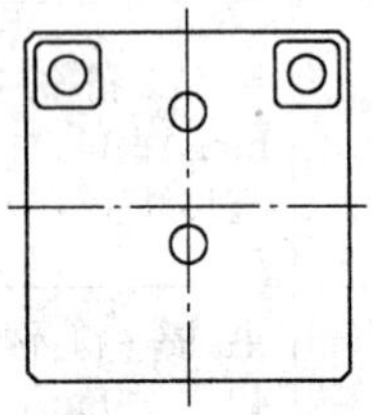
3	粗铣 $\phi 22_{\ 0}^{+0.04}$ mm,深 $16_{\ 0}^{+0.05}$ mm 孔和 $\phi 26_{-0.033}^{\ 0}$ mm 圆柱构成的薄壁,留余量 0.2mm	T01	ϕ12mm 立铣刀 S=1300r/min F=210mm/min a_p=8mm	分层铣削	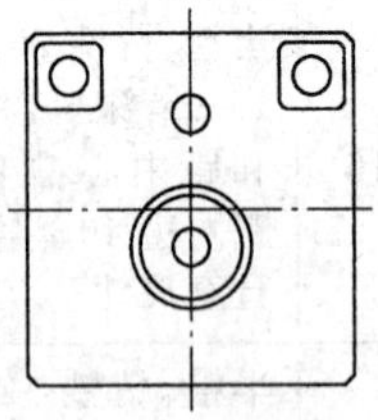

续表

工步	工步内容	刀号	刀具及切削用量	备注	工序简图
4	粗铣由圆弧 $R18$mm 和 $R30$mm 等为中心线，宽为 $10^{+0.05}_{0}$ mm、$10^{+0.1}_{0}$ mm 和 $9^{+0.036}_{0}$ mm 的环形槽，深(5.5±0.05)mm，留余量 0.2mm	T02	$\phi8$mm 立铣刀 S=1600r/min F=200mm/min a_p=3mm	分层铣削	
5	半精、精铣两个 $14_{-0.04}^{\ 0}$mm×$14_{-0.04}^{\ 0}$mm，高 $5_{-0.05}^{\ 0}$mm 凸台至尺寸	T02	$\phi8$mm 立铣刀 S=2400r/min F=300mm/min a_p=5mm		
6	半精、精铣 $\phi22^{+0.04}_{0}$ mm，深 $16^{+0.05}_{0}$ mm 孔和 $\phi26_{-0.033}^{\ 0}$mm 圆柱构成的薄壁尺寸	T02	$\phi8$mm 立铣刀 S=2400r/min F=300mm/min a_p=5mm		
7	半精、精铣由圆弧 $R18$mm 和 $R30$mm 等为中心线，宽为 $10^{+0.05}_{0}$ mm、$10^{+0.1}_{0}$mm 和 $9^{+0.036}_{0}$ mm 的环形槽，深(5.5±0.05)mm 至尺寸	T02	$\phi8$mm 立铣刀 S=2400r/min F=300mm/min a_p=10.5mm		

10.4 程序编制

教学策略：讲授法、提问法、反馈强化。

技能模拟考核结束后，对零件加工编程技巧进行详细的讲解，对刀具选择和切削用量的给定都要逐一讲解。

10.4.1 参考编程

1. 后视图轮廓加工程序

O1；(铣平面程序)

行号	程　序	解　释
N1	S2100M03	给定主轴转速
N2	G91G01X−90F300	给定 X 的增量坐标以及进给速度
N3	Y10	给定 Y 的增量坐标
N4	X90	
N5	Y10	
N6	M99	返回主程序

续表

O2；(钻中心孔程序)

行号	程　序	解　释
N1	T3 M06	调用 ϕ3mm 中心钻
N2	G90G54G00X0Y0S3200M3	
N3	G43H3Z100 M8	
N4	G81X−26Y28Z−3R2F200	
N5	X26	
N6	X0Y20	
N7	Y−8	
N8	X−3Y−26	
N9	X−17	
N10	G80	
N11	M30	

O3；(钻 4 个 ϕ8H7mm 孔至 ϕ7.8mm 程序)

行号	程　序	解　释
N1	T4 M06	调用 ϕ7.8mm 麻花钻
N2	G90G54G00X0Y0S1200M3	
N3	G43H4Z100 M8	
N4	G83X−26Y28Z−36R2Q2F120	
N5	X26	
N6	X0Y20	
N7	Y−8	
N8	G80	
N9	M30	

O4；(铰 4 个 ϕ8H7mm 孔程序)

行号	程　序	解　释
N1	T5 M06	调用 ϕ8H7mm 铰刀
N2	G90G54G00X0Y0S400M3	
N3	G43H5Z100 M8	
N4	G81X−26Y28Z−36R2F100	
N5	X26	
N6	X0Y20	
N7	Y−8	
N8	G80	
N9	M30	

O5；(钻两个 M6mm 螺纹底孔至 ϕ5mm 程序)

行号	程　序	解　释
N1	T6 M06	调用 ϕ5mm 麻花钻
N2	G90G54G00X0Y0S1200M3	
N3	G43H6Z100 M8	
N4	G83 X−3Y−26Z−20R2Q2F120	
N5	X−17	
N6	G80	
N7	M30	

续表

O6；(铣(68±0.015)mm×(60±0.015)mm 方和 $74_{-0.03}^{0}$ mm×$70_{-0.03}^{0}$ mm 方程序)		
行号	程　序	解　释
N1	T1 M06	调用 ϕ12mm 立铣刀
N2	G90G54G0X0Y0S1300M3	
N3	G43H1Z100	
N4	Z5M8	
N5	＃1＝6	赋第一层加工深度值
N6	WHILE［＃1 LE 12］D01	循环语句，设定条件，＃1 小于等于 12mm
N7	X45Y－45	
N8	G01Z－＃1F210	
N9	G41D01Y－34	D01＝6.2
N10	X－30，C2	
N11	Y34，C17	
N12	X30，C17	
N13	Y－26	
N14	G02X22Y－34R8	
N15	G01G40Y－45	
N16	X45	
N17	＃1－＃1＋6	深度递增 6mm
N18	END 1	循环 1 结束
N19	G01Z－28F210	
N20	G41D01Y－37	
N21	X－35，C2	
N22	Y37，C2	
N23	X35，C2	
N24	Y－35	
N25	X32Y－38	
N26	G00Z100	
N27	M30	

O7；(铣宽 $12_{+0.02}^{+0.06}$ mm，深 $11_{-0.1}^{-0.05}$ mm 通槽程序)		
行号	程　序	解　释
N1	T1 M06	调用 ϕ12mm 立铣刀
N2	G90G54G0X45Y0S1300M3	
N3	G43H1Z100	
N4	Z5M8	
N5	＃2＝6	赋第一层加工深度值
N6	WHILE［＃2 LE 11］D01	循环语句，设定条件，＃2 小于等于 11mm
N7	G01Z－＃2F210	
N8	G41D01Y6	
N9	X－40	
N10	Y－6	
N11	X45	
N12	G40Y0	

续表

行号	程　　序	解　　释
N13	#1=#1+6	深度递增 6mm
N14	END 1	循环 1 结束
N15	G00Z100	
N16	M30	

O8；(铣长轴为 $40_{-0.05}^{0}$mm，短轴为 $24_{-0.05}^{0}$mm，高(5±0.03)mm 椭圆凸台程序)

行号	程　　序	解　　释
N1	T1 M06	调用 ϕ12mm 立铣刀
N2	G90G54G00X40Y20S1300M3	
N3	G43Z100H01	
N4	Z5M08	
N5	#3=0	设角度为自变量，赋初始值为 0 度
N6	#4=6.2	定义刀具半径+加工余量
N7	G01 Z-5F50	
N8	WHILE[#3 LE 360] D01	循环语句，设定条件，#3 小于等于 360°
N9	#5=[15-#4]*COS[#3]	椭圆长半轴 X 赋值
N10	#6=[20-#4]*SIN[#3]+20	椭圆短半轴 Y 赋值
N11	G01X#5Y-#6F210	
N12	#3=#3+1	角度递增 1°
N13	END 1	循环 1 结束
N14	G00 Z100	
N15	M30	

O9；(铣 $26_{+0.02}^{+0.06}$mm×16mm，深 $6_{0}^{+0.05}$mm 沉槽和距中心槽 $5_{-0.05}^{0}$mm，距左边 $40_{-0.04}^{0}$mm 的沉台程序)

行号	程　　序	解　　释
N1	T2 M06	调用 ϕ8mm 立铣刀
N2	G90G54G00X45Y-25S1600M3	
N3	G43H2Z100	
N4	Z5M8	
N5	G01Z-6F200	
N6	G41D02X45Y-14	
N7	X10,R7	
N8	Y-34,C2	
N9	X3	
N10	Y-18,R5	
N11	X-23,R5	
N12	Y-40	
N13	G00Z100	
N14	G40X45Y-25	
N15	M30	

续表

O10；（铣 $12^{+0.05}_{+0.01}$mm，深 $6^{+0.06}_{0}$mm 键槽和 $\phi15^{+0.05}_{0}$mm，深 14mm 孔，留余量 0.2mm 程序）

行号	程　　序	解　　释
N1	T2 M06	调用 ϕ8mm 立铣刀
N2	G90G54G00X9Y20S1600M3	
N3	G43H2Z100	
N4	Z5M8	铣 $12^{+0.05}_{+0.01}$mm，深 $6^{+0.06}_{0}$mm 键槽
N5	＃10＝3	赋第一层加工深度值
N6	WHILE［＃10 LE 6］D01	循环语句，设定条件，＃10 小于等于 6mm
N7	G01Z－＃10F50	
N8	G41D02Y26	
N9	X－9	
N10	G03Y14R6	
N11	G01X9	
N12	G03Y26R6	
N13	G01G40Y20	
N14	＃10＝＃10＋3	深度递增 3mm
N15	END 1	循环 1 结束
N16	G00Z5	
N17	X20Y－24	铣 $\phi15^{+0.05}_{0}$mm，深 14mm 孔
N18	＃11＝10	赋第一层加工深度值
N19	WHILE［＃11 LE 14］D02	循环语句，设定条件，＃11 小于等于 14mm
N20	G01Z－＃11F50	
N21	G41D02X27.5	
N22	G03I－7.5	
N23	G01G40X20	
N24	＃11＝＃11＋4	深度递增 4mm
N25	END 2	循环 2 结束
N26	G00Z100	
N27	M30	

2. 主视图轮廓加工程序

O11；（铣两个 $14_{-0.04}^{0}$mm×$14_{-0.04}^{0}$mm，高 $5_{-0.05}^{0}$mm 凸台程序）

行号	程　　序	解　　释
N1	T1 M06	调用 ϕ12mm 立铣刀
N2	G90G54G00X0Y0S1300M3	
N3	G43H1Z100	
N4	Z5M8	
N5	G41D01X33Y45	
N6	G01Z－5F210	
N7	Y21,R2	

续表

行号	程　　序	解　　释
N8	X19,R2	
N9	Y35,R2	
N10	X31	
N11	G02X33Y33R2	
N12	G00G40Z5	
N13	G41D01X－19Y45	
N14	G01Z－5F210	
N15	Y21,R2	
N16	X－33,R2	
N17	Y35,R2	
N18	X－21	
N19	G02X－19Y33R2	
N20	G00G40Z100	
N21	M30	

O12;(铣 $\phi22^{+0.04}_{0}$mm,深 $16^{+0.05}_{0}$mm 孔和 $\phi26^{0}_{-0.033}$mm 圆柱构成的薄壁程序)

行号	程　　序	解　　释
N1	T1 M06	调用 ϕ12mm 立铣刀
N2	G90G54G00X45Y－8S1300M3	
N3	G43H1Z100	
N4	Z5M8	
N5	G01Z－5F210	
N6	G41D01X13	
N7	G02I－13	
N8	G00G40Z5	
N9	X0Y－8	
N10	＃12＝4	赋第一层加工深度值
N11	WHILE [＃12 LE 16] D01	循环语句,设定条件,＃12 小于等于 16mm
N12	G01Z－＃12F50	
N13	G41D01X11F210	
N14	G03I－11	
N15	G40G01X0	
N16	＃12＝＃12＋4	深度递增 4mm
N17	END 1	循环 1 结束
N18	G00Z100	
N19	M30	

O13;(铣由圆弧 R18mm 和 R30mm 等为中心线,宽为 $10^{+0.05}_{0}$mm、$10^{+0.1}_{0}$mm 和 $9^{+0.036}_{0}$mm 等构成的环形槽,深(5.5±0.05)mm 程序)

行号	程　　序	解　　释
N1	T2 M06	调用 ϕ8mm 立铣刀
N2	G90G54G00X36.5Y40S1600M3	
N3	G43H2Z100	
N4	Z5M8	铣宽 $9^{+0.036}_{0}$mm 槽

续表

行号	程　序	解　释
N5	#13=7.75	赋第一层加工深度值
N6	WHILE [#13 LE 10.5] D02	循环语句，设定条件，#13 小于等于 10.5mm
N7	X0Y45	
N8	G01Z-#13F200	
N9	G41D02X-4.5	D02=4.2
N10	Y12	
N11	G03X4.5R4.5	
N12	G01Y45	
N13	G40X0	
N14	G00Z5	铣宽 $10^{+0.05}_{0}$ mm、$10^{+0.1}_{0}$ mm 槽
N15	G41D03X0Y0	D03=-0.8
N16	G01Z-#13F200	
N17	X-25.981Y7	
N18	G02X25.981R30	
N19	G01X0Y0	
N20	G00Z5	
N21	X0Y10	
N22	G41D03X0Y0	
N23	G01Z-#13F200	
N24	X15.588Y1	
N25	G02X-15.588R-18	
N26	G01X0Y0	
N27	G00Z5G40	
N28	X0Y10	
N29	G41D03X0Y0	
N30	G01Z-#13F200	
N31	X25.981Y7	
N32	G03 X-25.981Y7R30	
N33	G01 X-15.588Y1	
N34	G03 X15.588Y1R-18	
N35	G00Z5	
N36	G40X0Y10	
N37	#13=#13+2.75	深度递增 2.75mm
N38	END 1	循环 1 结束
N39	G00Z100	
N40	M30	

10.4.2　学生自主编程

学生独立完成程序编写，选择相应的加工方式并设置切削参数，填写表 10.10 加工程序清单。

表 10.10　加工程序清单

序号	程序号	刀具	刀具号	刀具长度补偿号	备注

10.5　加工前准备

1. 机床准备(表 10.11)

表 10.11　机床准备卡片

	机械部分				电器部分		数控系统部分			辅助部分	
设备检查	主轴部分	进给部分	刀库部分	润滑部分	主电源	冷却风扇	电器元件	控制部分	驱动部分	冷却	润滑
检查情况											

注：经检查后该部分完好,在相应项目下打"√";若出现问题及时报修。

2. 工件安装

(1) 精密平口虎钳安装牢固,位置方向要正确。
(2) 工件夹紧力适当,安装牢固。
(3) 工件安装的高度正确,夹具不能与刀具发生干涉。
(4) 工作坐标系设定要正确。

3. 刀具安装及加工参数设置

(1) 铣刀伸出长度尽可能地短,以增加刀具的刚性。
(2) 安装的刀具号要对应好。
(3) 刀具的补偿数值应输入在与程序中该刀具相对应的刀补号中。

10.6　实际零件加工

学生拿到模拟考核训练图,编写加工程序进行加工,加工过程中,指导教师巡回观察,记录学生不正确的操作及出现的各种问题,为后续总结提高依据。

10.7　零件测量

教学策略：讲授法、互动法。

零件的加工质量的高低,取决于加工尺寸与零件图纸的符合度,取决于零件尺寸测量的准确度。模拟考核后针对学生在加工中对加工零件测量时量具的选择及测量的方法进行讲解，以便加深学生的印象；实际测量中可以采用同组学生互测、教师抽测的方法，检测零件的加工质量，积累测量经验，提高学生的质量意识。

10.7.1 参考检测工艺

1. 检测 $74_{-0.03}^{0}$ mm、$70_{-0.03}^{0}$ mm、(68±0.015)mm 和(60±0.015)mm 尺寸

用 0.01 精度的 50～75mm 外径千分尺测量该尺寸 3 个不同位置，根据测量结果和被测尺寸的公差要求判断是否合格。

2. 检测 $40_{-0.05}^{0}$ mm、$40_{-0.04}^{0}$ mm、(27±0.05)mm 和 $\phi 26_{-0.033}^{0}$ mm 尺寸

用 0.01 精度的 25～50mm 外径千分尺测量该尺寸 3 个不同位置，根据测量结果和被测尺寸的公差要求判断是否合格。

3. 检测 $24_{-0.05}^{0}$ mm、$14_{-0.04}^{0}$ mm 和 $8_{-0.05}^{0}$ mm 尺寸

用 0.01 精度的 0～25mm 外测千分尺测量该尺寸 3 个不同位置，根据测量结果和被测尺寸的公差要求判断是否合格。

4. 检测 $26_{+0.02}^{+0.06}$ mm、$12_{+0.02}^{+0.06}$ mm、$12_{+0.01}^{+0.05}$ mm、$\phi 22_{0}^{+0.04}$ mm、$10_{0}^{+0.05}$ mm、$10_{0}^{+0.1}$ mm、$9_{0}^{+0.036}$ mm 和 $\phi 15_{0}^{+0.05}$ mm 尺寸

用 0.01 精度的 5～30mm 内测千分尺测量该尺寸 3 个不同位置，根据测量结果和被测尺寸的公差要求判断是否合格。

5. 检测 $5_{-0.05}^{0}$ mm、$16_{0}^{+0.05}$ mm、$6_{0}^{+0.05}$ mm、(5.5±0.05)mm、(6±0.05)mm、$11_{-0.1}^{-0.05}$ mm、$12_{0}^{+0.05}$ mm 和(5±0.03)mm 尺寸

用 0.01 精度的 0～25mm 深度千分尺测量该尺寸 3 个不同位置，根据测量结果和被测尺寸的公差要求判断是否合格。

6. 检测 ϕ8H7 孔

用 ϕ8H7 塞规检验，塞规的通端插入深度大于被测深度的 2/3，止端插入深度小于被测深度的 1/3 为合格。

7. 检测(52±0.023)mm 孔距尺寸

在两个 ϕ8H7 孔中插入 ϕ8H7 圆柱销，用 0.01 精度的 50～75mm 外径千分尺测量两圆柱销之间尺寸，该测量值减去圆柱销尺寸为被测尺寸，根据测量结果和被测尺寸的公差要求判断是否合格。

8. 检测 M6mm 螺纹尺寸

用 M6 螺纹塞规检验，塞规通端可正常旋入，止端旋入深度小于被测深度的 1/3 为合格。

9. 检测圆弧尺寸

用R规进行比较测量，根据测量圆弧和R规符合度判断是否合格。

10. 检测表面粗糙度 *Ra*1.6 和 *Ra*3.2

用表面粗糙度比较样本进行比较，验定表面粗糙度是否合格。

11. 零件自由公差尺寸的检测

零件自由公差尺寸用样板、游标卡尺、R规检验，根据测量结果和被测尺寸的公差要求判断是否合格。

10.7.2 检测并填写记录表

教学策略：小组互检、个人验证、教师抽验。

模拟考核结束后以小组为单位进行互检，由检测同学按评分表给出一个互检成绩；然后个人对自己加工的工件进行自检并与互检成绩、检测结果进行比较，从中发现问题尺寸并找出检测出现不同结果的原因，更正出现失误的环节；最后由教师对学生的零件进行抽样检测，并针对出现的问题集中解释出现测量误差的原因及提出改进的方法。

10.8 加工误差分析及后续处理

1. 教学策略：学生反馈、讲授法、提问法

针对学生出现加工误差并及时反馈的情况，教师进行集中汇总，针对出现的较多情况采用讲授的方法来指导学生了解出现的原因；对于出现概率不大或没有出现的情况，教师采用提问的方法引导学生自主分析加工误差产生的原因。

2. 加工误差分析

加工中心机床上进行铣削加工过程中产生精度降低的原因是多方面的，经常遇到的加工误差有多种，其问题现象、产生的原因、预防和消除的措施见表10.12。

表10.12 加工误差分析及后续处理

问题现象	产生原因	预防和消除
尺寸超差	1. 刀具数据不准确 2. 切削刃不锋利产生让刀 3. 程序错误	1. 调整或重新设定刀具数据 2. 更换或刃磨刀具 3. 检查、修改加工程序
深度尺寸不一致	1. 工件装夹校正不正确 2. 装夹不牢靠，加工中产生松动 3. 刀具磨损	1. 工件装夹校正准确 2. 装夹工件准确牢靠 3. 更换刀具

续表

问题现象	产生原因	预防和消除
表面有振纹	1. 工件装夹不正确 2. 刀具安装不正确 3. 切削参数不正确	1. 检查工件安装,增加安装刚性 2. 调理刀具安装位置 3. 提高或降低切削速度
切削过程中刀具折断	1. 进给量过大 2. 切削深度过大 3. 切屑阻塞	1. 降低进给速度 2. 减小切削深度 3. 浇注充足冷却液及时排屑
表面粗糙度差	1. 切削速度过低 2. 切削液选用不合理 3. 刀具切削刃不锋利	1. 调高主轴转速 2. 选择正确的切削液,并充分喷注 3. 选择刀刃锋利刀具
铰孔孔径超差	1. 铰刀外径尺寸偏大或偏小 2. 切削速度过高过低,进给量不当 3. 加工余量过大 4. 铰刀不锋利或弯曲 5. 切削液选择不合适	1. 选择合适的铰刀 2. 选择合适的切削速度进给量 3. 减少加工余量 4. 更换铰刀 5. 选择合适切削液

10.9　课题小结

教学策略：小组汇报、教师总结。

通过小组汇报的方式,教师可以以小组为单位了解各组的工件完成情况及存在的问题,并有针对性地提出下一步的教学方案,对操作较好的学生提出改进意见,对技能情况掌握不理想的学生提出提高方案,为参加高级工技能鉴定作好准备。

10.10　综合评价

1. 自我评价(表 10.13)

表 10.13　自我评价表

课题名称			课时				
课题自我评价成绩			任课教师				
类别	序号	自我评价项目	结果	A	B	C	D
编程	1	程序是否能顺利完成加工					
	2	程序是否满足零件的工艺要求					
	3	编程的格式及关键指令是否能正确使用					
	4	题目：你设计本程序的主要思路是什么？ 作答：					

续表

类别	序号	自我评价项目	结果	A	B	C	D
工件刀具安装	1	刀具安装是否正确					
	2	工件安装是否正确					
	3	题目：安装刀具时需要注意的事项主要有哪些？ 作答：					
	4	题目：安装工件时需要注意的事项主要有哪些？ 作答：					
操作与加工	1	操作是否规范					
	2	着装是否规范					
	3	切削用量是否符合加工要求					
	4	题目：加工时需要注意的事项主要有哪些？ 作答：					
	5	题目：加工时经常出现的加工误差主要有哪些？ 作答：					
精度检测	1	题目：是否了解本零件测量需要的各种量具的原理及使用？ 作答：					
	2	题目：本零件精度检测的主要内容是什么？采用了何种方法？ 作答：					
	3	题目：批量生产时，你将如何检测该零件的各项精度要求？ 作答：					
自我总结							

学生签字： 年　月　日	指导教师签字： 年　月　日

2. 小组互评(表 10.14)

表 10.14　小组互评表

序号	小组评价项目	评价情况
1	是否尊重他人	
2	是否服从教师的教学安排和管理	
3	学习态度是否积极主动	
4	着装是否符合标准	
5	是否按照安全规范操作	
6	是否能正确地领会他人提出的学习问题	
7	是否合理规范地使用工具和量具	
8	是否能保持学习环境的干净整洁	
9	能否辨别工作环境中哪些是危险的因素	
10	团队学习中主动与合作的情况如何	

参与评价同学签名：

年　　月　　日

3. 教师评价

教师总体评价：

教师签字：____________

年　　月　　日

参考文献

[1] 何平.数控加工中心操作与编程实训教程[M].北京：国防工业出版社，2006.

[2] 汤伟文.加工中心中级工、高级工实训教程[M].北京：电子工业出版社，2009.

[3] 《数控大赛试题·答案·点评》编委会.数控大赛试题·答案·点评[M].北京：机械工业出版社，2006.

[4] 陈海舟.数控铣削加工及应用实例[M].北京：机械工业出版社，2006.

[5] 方沂.数控机床编程与操作[M].北京：国防工业出版社，1999.

[6] 中华人民共和国劳动和社会保障部.加工中心操作工(2005年版)——国家职业标准[S].北京：中国劳动社会保障出版社，2005.